Anonymous

Grausamkeit und Verbrechen im sexuellen Leben

Anonymous

Grausamkeit und Verbrechen im sexuellen Leben

ISBN/EAN: 9783743616264

Hergestellt in Europa, USA, Kanada, Australien, Japan

Cover: Foto ©ninafisch / pixelio.de

Manufactured and distributed by brebook publishing software (www.brebook.com)

Anonymous

Grausamkeit und Verbrechen im sexuellen Leben

Grausamkeit und Verbrechen

im sexuellen Leben.

Historisch-psychologische Studien.

VON

Motto.
Es ist wirklich wunderbar, dass nicht
längst die Association von Wollust,
Religion und Grausamkeit die Menschen auf deren innige Verwandtschaft
und gemeinsame Tendenz gebracht hat.
Novalis (Hardenberg) Fragmente.

VERLAGS-COMPTOIR „MINERVA."
Selbstverlag
BUDAPEST-LEIPZIG.
1894.

Alle Rechte vorbehalten.

Vorwort.

Wie jedes Ding in der Natur seine Kräfte und Eigenschaften besitzt, die auf bestimmte Einwirkungen bestimmt reagiren und seinen Character ausprägen, so hat auch der Mensch seinen Character, den die Beweggründe seiner Handlungen mit Notwendigkeit bestimmen, d. h. ihn so und nicht anders handeln lassen. Der Character erscheint dann als gut, oder als böse, je nachdem die einen oder die anderen seiner Handlungen überwiegen.

Um nun aber unterscheiden zu können, was eigentlich gut oder böse an ihm ist, ist es notwendig, die Beweggründe, die treibende Kraft seiner Handlungen zu kennen und dies vermag man nur, dringt man in des Menschen verborgenstes Thun und Lassen ein und untersucht, ob dieses in einer gesunden oder kranken Seele oder einem ebensolchen Körper seinen Sitz hat, denn dann erst vermag man sich auch ein richtiges Urteil über ihn, den Höchsten und den Besten in der Natur zu bilden.

Freilich, ehe man die aus einer hellen oder trüben Quelle entspringenden Handlungen auf diese selbst zurückführen kann, muss man früher durch gar vielen morastigen Schlamm und trübe Pfützen waten und giftige Miasmen einathmen. Wer aber den süssen Kern will, der darf sich auch vor der Mühe nicht scheuen, die harte Schale zu zerbrechen. Er darf sich nicht beirren lassen, weder von Schmähungen missgünstiger Zunftgelehrten, die da glauben, die Wissenschaft sei von ihnen allein gepachtet, und noch weniger von den Begeiferungen ignobler Frömmlinge abhalten lassen, von Tugendlehrern, die Wasser vor der Menge predigen, insgeheim aber im Weine sich betrinken!

Gesellschaftliche Uebel, Krankheiten der Seele oder des Leibes, — sie werden gewiss nicht beseitigt, geht man ihnen scheu aus dem Wege oder schweigt man sie todt. Hier kann nur das Messer des Chirurgen eingreifen, das schonungslos die Hülle von der Eiterbeule streift, um den kranken Organismus einer Heilung zuzuführen.

Eine solche giftige Jauche enthaltende Beule am Leibe der Menschheit sind nun die „Grausamkeitsäusserungen der Liebe."

Dem wahren, echten (und nicht dem Talmi-) Menschenfreunde muss daher auch das Ganze höher stehen, als das Einzelwesen; er darf darum sich auch vom Einzelnen nicht beirren lassen, der an das Wort sich klammert, nur weil er dessen Sinn nicht versteht oder nicht verstehen will.

Tempora mutantur!

Nichts ist lächerlicher als eine versteinerte Aesthetik, nichts alberner, als eine verknöcherte Moral!

Sprach man früher in derben, ungeschminkten Worten und nannte man das Ding bei seinem rechten Namen, so will man heute dieses selbe Ding nur in einer verschleierten Redeweise andeuten und bezweckt damit blos — in Kleidern nackt zu erscheinen; durch einen zwar gleissenden aber sehr dünnen Firniss die Fäulniss zu verdecken, in welche das brandige Geschwür übergeht; die Sinnlichkeit erst recht pikant und reizend zu machen. — In dem liegt der ganze Unterschied

Und gerade in den verderbtesten Jahrhunderten liebte man die Lehren der vortrefflichsten Moral, nur um ja nicht den Gedanken aufkommen zu lassen, dass man sie auch befolgen müsse.

Die arme Moral! Auf dem Gebiete der Kunst hat man ihr längst jede Geltung abgesprochen. Aus dem Geschäftsverkehr hat man sie mit dem geflügelten Worte verbannt „Die Moral steht nicht auf der Tagesordnung." Im trauten Heim der Liebe weist man ihr gleichfalls die Thüre. Ebenso auch in der Politik soll vielleicht die Moral nur ein Verlegenheitsmittel des Jugendunterrichtes sein, so ähnlich, wie man den Kindern die biblische Schöpfungsgeschichte beibringt, an die sie so lange glauben, bis sie einmal erfahren, dass das Sonnensystem nicht in sieben Tagen, sondern in Millionen Jahren entstanden ist? Wer die Moral nicht wirklich auf Kindererziehung und sonstigen Hausbrauch einschränken will, der muss es sich schon gefallen lassen, dass sie ihm auch dann entgegen gehalten werde, wenn es ihm einmal unbequem sein sollte.

Es hat bekanntlich immer Moralisten gegeben, die für die geschlechtliche Sittlichkeit eintraten und gegen die Verderbniss auf diesem Gebiete eiferten. Auch an Grund zu solchen Predigten hat es nie gefehlt. Aber keiner Zeit ist so klar wie der unsrigen der Widerspruch zum Bewusstsein gekommen, der zwischen der öffentlich anerkannten und der insgeheim geübten Moral besteht, der Widerspruch zwischen allgemeiner und geschlechtlicher, zwischen weiblicher und männlicher Moral.

Doch, dies sind alles nur leere Worte, und diese nützen gerade soviel als leeres Stroh! Solche Reflexionen vermögen noch keine Gesundung herbeizuführen, dies vermag, wie ganz richtig Tarnowsky in seinem Werke „die krankhaften Erscheinungen des Geschlechtssinnes" sagt: „nur die gemeinsame Arbeit des Arztes und des Juristen, des Forschers und des Philosophen, die g l e i c h z e i t i g die Entstehungsursachen der Triebe und ihre Äusserungen in Thaten ergründen, die Grenze zwischen Physiologie und Pathologie im Leben bestimmen und eine sichere Basis liefern zur Besserung der gesunden Erziehung der krankhaft Geneigten und Heilung der Erkrankten."

Der Verfasser.

EINLEITUNG.

Wie schon der Titel dieses Buches besagt und zum Teile auch aus dem Vorworte dem Leser angedeutet wurde, behandelt dasselbe die einander sich nicht nur berührenden, sondern sehr oft sich auch innig miteinander verschmelzenden Extreme: Liebe und Grausamkeit in ihrem Zusammenhange sowie die Art und Weise, wie diese, scheinbar sich feindlich gegenüberstehenden Gefühle zum Ausdruck gelangen, und sucht im Weiteren dem denkenden Leser klarzulegen, dass nicht immer Perversion (Krankheit) auch Perversität (Laster) ist. Es ist daher stets zu untersuchen, w e l c h e s dieser beiden Hauptmomente den Menschen veranlasste, gegen die Gesetze der Moral zu verstossen.

Der Mensch ist nur zu sehr geneigt, sein eigenes Ich als Mittelpunkt der Welt anzusehen, um welchen sich Alles dreht; er beurteilt daher auch Alles nach sich: auf s e i n e Person, nach s e i n e m Empfinden, nach s e i n e m Geschmack. Von diesem Standpunkt aus wird und muss dann auch freilich oft der Mensch als „schlecht" erscheinen, wo er doch nur krank ist. — Würde übrigens das Wollen stets auch vom Können begleitet sein, würde nicht zu oft nur die Angst vor Entdeckung, Verbrechen, Grausamkeiten etc. verhindern — die Zahl derjenigen, die sich mit ihrer Tugend brüsten und missgünstig über ihre Mitmenschen urteilen, sie wären fast Null. Aber so! — Wie sagt doch nur Seume:

„Trau nicht dem Menschen, dicke Firniss decket
Die wahre Farbe, welche sich verstecket
Und in der Leidenschaft allein sich zeigt."

In vino veritas — ein Wahrwort!

Im Rausche, hervorgerufen durch Alcohol oder einer Leidenschaft, zeigt sich erst wahr und offen die eigentliche Natur des Menschen, und nur im Rausche vermag auch das ungeübte Laienauge zu erkennen, was wahr und falsch am Menschen ist, d. h. welchen Anteil an seinem Thun der Firniss der Erziehung hat und welchen der ihm von seinen Vorfahren im Wege der Vererbung überkommene Atavismus. Wie Frh. von Notzing-Schrenck ganz richtig bemerkt, sind erbliche Neigungen aber nichts Anderes, als die Rückwirkung von durch wiederholte und gehäufte Handlungen erworbenen Gewohnheiten unserer Vorfahren, d. h. eine kapitalisirte, lebendig fortwirkende Thätigkeit derselben. Jedes Individuum verbessert und verschlechtert seine Nachkommen durch die Reihe der Handlungen, die seinen Lebensweg bezeichnen und sich dann durch Gewohnheit für seine Nachkommen in erbliche Anlagen umwandeln. Der Mechanismus der Erblichkeit und unsere Intelligenz wirken ohne Unterlass auf einander; die Gewohnheit wird dann durch Erblichkeit zum Racen-Instinkt, (wie z. B bei den Juden etc.) insofern sie in der Vergangenheit zuerst gewissermassen als Reflexact im Anpassungsprocess an die Umgebung vollzogen und durch wiederholte Handlung typisch für die Zukunft werden kann.

Der Einfluss der Heredität, er äussert sich aber nicht blos in einer latenten Disposition, sondern auch in ganz positiven Erscheinungen, welche dann das einzelne Individuum aus der Masse besonders hervortreten lassen. Es sind dies die sogenannten „Degenerirten", Menschen, die anders denken und auch anders handeln als der gesunde Mensch. Solche Menschen sind aber, selbst für den Fachmann äusserst schwer als solche erkennbar, wesshalb auch Tarnovsky in seinem Werke: „Die krankhaften Erscheinungen des Geschlechtssinnes" bekennen musste, dass zwischen dem Verbrechen und dem Irrsinn ein Grenzgebiet liegt, in welchem wir einerseits eine geringe Dosis Irrsinns neben einem grossen Percent Verbrechen, andererseits eine geringe Beimischung von Verbrechen zu einem bedeutenden Grad von Irrsinn finden.

Hervorragende, ja geniale Begabung in der einen Richtung sind begleitet von auffallenden Defecten in anderer Richtung.

Die Degenerirten, sie spielen darum oft auch eine grosse Rolle im socialen Leben und treten an die Spitze von socialen, politischen oder religiösen Bewegungen. Freilich, die Mehrzahl von ihnen, sie gehen unter im Kampfe ums Dasein; sie sinken tiefer und tiefer auf der socialen Stufenleiter und enden dann ihr Leben entweder im Irrenhause oder im Zuchthause.

Darum: Tout comprendre c'est tout pardonner!

Wohl, es ist dies sehr richtig: oft wird der Vererbung zugeschrieben, was nichts anderes als nur Sittenverderbniss ist, und umgekehrt. Es liegt eben, wie dies Tarnowsky zugesteht, zwischen einem krankhaften Zustande und der Sittenverderbniss als Zwischenglied, die „krankhafte Lasterhaftigkeit", wo es schwer, wenn nicht ganz unmöglich ist, den Anteil willkürlicher, b e w u s s t e r Unzucht und Grausamkeit, und den der erblichen Prädisposition, oder der Äusserung eines erworbenen krankhaften Zustandes zu bestimmen.

Es ist daher auch nicht der Zweck dieses Buches, en

détail in das dunkle und heikle Gebiet der in Grausamkeiten sich äussernden Wollustbefriedigung einzugehen, sondern den Leser in grossen Zügen mit den Hauptformen derselben und ihren Erscheinungen bekannt zu machen, denn, um auch Cicero zu Worte kommen zu lassen: Homo sum; humani nihil a me alienum puto.

Ein Mehr wäre — weniger!

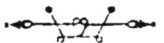

I.

Der Grausamkeitstrieb im Allgemeinen.

Die Grausamkeit ist dem Menschen angeboren.

Bekanntlich führt Dr. Gall in seiner Schädellehre ein Organ der Grausamkeit auf, das jeder Mensch in grösserem oder geringerem Grade besitze und dass ein solches existirt, daran darf Niemand zweifeln.

Wenn man ferner Schopenhauer, dem Begründer des modernen Pessimismus und einem der tiefsten und scharfsinnigsten Denker Glauben schenken darf — und es ist kein Grund zum Gegenteil vorhanden — so ist der Mensch im Grunde genommen das wildeste, entsetzlichste Thier im Reiche der Schöpfung, da er sogar den Tiger und die Hyäne an Grausamkeit übertrifft, indem er, abgesehen davon, dass er, vermöge seines Intellektes, diese auch raffinirt zu gestalten vermag, seine Mitgeschöpfe eben nur quält und martert, blos um sie quälen zu können und an ihrer Pein sich zu erfreuen; um in dem Anblicke ihrer Schmerzen und Leiden eine Linderung seiner eigenen zu finden und zugleich damit auch seine Macht erkenn- und fühlbar zu machen. Er bezeichnet ihn darum

auch als „l'animal méchant par excellence," als ein böses Thier, das nur aus Lust Anderen Schmerz zufügt, als ein Wesen, dem fremdes Leid zum Zweck, zur Bezahlung des Willens zum Leben wird, indem eben der Anblick fremder Leiden seine eigenen weniger fühlbar, ja oft ganz vergessen macht.
Dass dem auch wirklich so ist, dass der Mensch thatsächlich auch das boshafteste, das grausamste aller Geschöpfe ist, geht auch schon daraus hervor, dass er, kaum zum Bewusstsein seines eigenen Ich's gekommen, schon Schwächere quält und martert.

Man beobachte z. B. sich selbst überlassene Kinder in noch so zartem Alter und von noch so vornehmer Herkunft. — Junge Hunde spielen friedlich und possierlich mit jungen Katzen, der junge Mensch und das junge Thier aber niemals. Immer wird der erstere es versuchen, sein ihm angeborenes, grausames Fühlen, dem Thiere gegenüber zum Ausdrucke zu bringen. Jedermann weiss, welche Freude kleine Kinder daran haben, Fliegen, Maikäfer und Frösche zu quälen.

Der blosse Instinkt gebietet also schon dem Thiere, zu fliehen den Menschen, der seine Mitgeschöpfe als Wild jagt, das ihm weder nützt noch schadet, blos darum jagt, um an den Qualen des niederbrechenden Thieres seine Augenweide zu finden. — Man betrachte nur die englischen Fuchsjagden, die Treibjagden, die Stier- und Hahnenkämpfe etc., oder, die unlängst in einer (November-)Nummer der Times enthalten gewesene Ankündigung, zufolge welcher anlässlich des jüngsten Krieges einer englischen Handelsgesellschaft gegen die Matabella in Süd-Afrika, Theilnehmer zur Jagd auf Menschen gesucht wurden:

Krieg in Südafrika.

Organisirung einer Expedition nach der F r o n t. Herren von Stellung, die reiten und schiessen, können sich anschliessen. Karten 200 ₤ Adr. und Nachfrage: Bureau „Times" London E. C.

Wie man also ersieht, erscheint eine Jagd auf Löwen und Tiger den edlen Söhnen Englands nicht mehr aufregend genug, um die ermüdeten und erschlafften Nerven etwas aufzupeitschen. Eine Jagd auf zweibeiniges Wild, das ist etwas Neues, noch nicht Dagewesenes.

Die Quelle nun dieses Grausamkeitstriebes ist in dem Egoismus begründet, in dem rücksichtslosesten Voranstellen des eigenen Ichs, das um jeden Preis sein Sein geniessen, d. h. leben will, selbst auf die Gefahr hin, das Sein anderer dadurch zu zerstören und zu vernichten. Es beruht auf jenem Egoismus, welcher die Quelle aller Verbrechen ist und welcher wieder in der Langenweile seinen Ursprung hat.

Die Quelle der Grausamkeit.

Vielleicht würde ihn, den Menschen, in diesem Grausamkeitstriebe der wild in den Tschungeln der heissen Zone nach Beute jagende Tiger, der in den Lüften nach Aas spähende Geier oder der alles verschlingende Haifisch übertreffen, hätten diese gleich ihrem zweibeinigen Mitgeschöpfe, diesem bipedischen Thiere: das Erkenntnissvermögen, den reflectirenden Intellect, nicht bloss der Gegenwart, sondern auch der Vergangenheit und Zukunft zu leben und auch in diesen Zeiten zu lieben und zu hassen, die Gabe sich gewisser Freuden nicht nur zu erinnern, sondern solche auch gleich vorweg zu geniessen.

Sowie nun dem Tiger, dem Geier und dem Haifisch ihre auf die blosse Vernichtung sich richtende Zerstörungssucht angeboren ist, ebenso ist auch dem zweibeinigen Tiger, die auf die blosse Zerstörung gerichtete Grausamkeit schon von Natur aus zugehörig und kommt immer und stets bei ihm im wilden, unbezähmten, d. h. leidenschaftlichen Zustande zum Vorscheine, wie dies besonders bei Goethe aus dem 4. Acte seines „Clavigo" so recht deutlich hervorgeht.

Beaumarchais, der Bruder von Clavigos Geliebten, erbost und in Wuth durch dessen doppelten Verrath, macht nun letzterer Luft durch folgende sich übersprudelnden Zornesworte:

„Ja, sie sollen's! sie sollen's! sollen mich in's Gefängniss schleppen! Aber von seinem Leichnam weg, von der Stätte weg, wo ich mich in seinem Blute werde geleehzt haben. — Ach! der grimmige, entsetzliche Durst nach seinem Blute füllt mich ganz. Dank sei Dir, Gott im Himmel, dass Du dem Menschen mitten im glühenden, unerträglichsten Leiden ein Labsal sendest, eine Erquickung! Wie ich die dürstende Rache in meinem Busen fühle! wie aus der Vernichtung meiner selbst, aus der stumpfen Unentschlossenheit mich das herrliche Gefühl, die Begier nach seinem Blute herausreisst, mich über mich selbst reisst! Rache!

Wie mir's wohl ist! wie Alles an mir nach ihm hinstrebt, ihn zu fassen, ihn zu vernichten! . . . . Mit diesen Händen will ich ihn erwürgen, dass mein die Wonne sei, ganz mein eigen das Gefühl: Ich hab' ihn vernichtet! . . . . .
Ich habe dich nicht retten können, so sollst du gerächet werden. Ich schnaube nach seiner Spur, meine Zähne gelüstet's nach seinem Fleisch, meinen Gaumen nach seinem Blut. I c h b i n e i n r a s e n d e s T h i e r g e w o r d e n ! Mir glüht in jeder Ader, mir zuckt in jeder Nerve die Begier nach ihm! . . . . . ."

II.
Die Grausamkeit in Verwandtschaft mit der Wollust.

Findet nun die Grausamkeit, der Zerstörungstrieb seine Wurzel in der thierischen Natur des Menschen, so ist auch die Wollust, die zeugende und erschaffende Liebe (Venus pandemos) auf das Thier im Menschen zurückzuführen. Grausamkeit und Wollust haben also einen Vater und ziehen sich als die negativen Pole: Aufbau und Zerstörung, Leben und Tod gegenseitig an; oder, um einen Tolstoi'schen Vergleich zu gebrauchen: „die Quelle der Wollust, die Liebe, sie ist der tödtliche Hass zwischen zwei Küssen, welcher den Vernichtungstrieb des Menschen, den unwiderstehlichen Drang, das geliebte Wesen zu zerstören, erweckt."

Bildet nun nach Tolstoi (in der „Kreutzer-Sonate") die Grausamkeit, der Vernichtungstrieb, eine Art Ausschlag des eifersüchtigen Anspruchs auf den Alleinbesitz des geliebten Gegenstandes, ohne dass diese jedoch dem Individuum zum deutlichem Bewusstsein käme ; — (wie denn überhaupt die Eifersucht zur bestialischsten, grausamsten aller menschlichen Leidenschaften werden kann, die mit Eifer sucht, was Leiden schafft) — so erklärt hingegen Zola in „la bête humaine" diese als beruhend in einem krankhaften Triebe, einer geheimnissvollen, unwiderstehlichen Sucht, jedes Wesen feminini generis zu tödten, das man entblösst sieht, um dadurch uralte Kränkungen zu rächen, die Weiber einst dem männlichen Geschlechte zugefügt, und erscheint ihm dieser Trieb als ein Atavismus aus der Zeit nachher, wo seine Vorfahren sich das Weib erobern und erbeuten mussten und als Beutestück, als ein sachlich Ding in ihr absolutes Eigentum bekamen.

Wird eben der Mensch, das „d e n k e n d e," böse Thier, (— „l'animal méchant par excellence" — nennt ihn Schopenhauer —) von dem sinnlichsten aller Triebe, von dem Geschlechtstriebe gepackt, so gewinnt das e r k e n n t n i s s (d e n k-) l o s e Thier in ihm die Oberhand und er handelt dann gleich einem solchen ohne alle und jede Reflexion hinsichtlich der Vergangenheit (Erziehung) und der Zukunft (Folgen), indem er sich von dem Eindrucke der von Leiden befreiten Gegenwart überwältigen lässt. — Die bis in den höchsten Affect getriebenen Gefühle lassen nun den Gegenstand seiner Wünsche nicht mehr als Menschen sondern als Sache erblicken.

Er presst ihn in wilder Eigenlust fest an sich und will ihn nicht mehr von sich lassen. Diese Eigenlust, dieser auf das Höchste potenzierte Egoismus, die Eifersucht in ihrem stärksten Grade, macht sich dann geltend als Zerstörungssucht. — Im Momente der höchsten Lust äussert sich dann die Grausamkeit zum Mindesten in einem krampfartigen Ansichpressen des geliebten Wesens, durch wildes, leidenschaftliches Küssen, durch ein unwillkürliches Drücken; in höherem Grade durch Beissenwollen, ja oft selbst durch Beissen. — Als Folge dieses Grausamkeitstriebes sind nun jene nicht seltenen Handlungen von besonders eifersüchtigen Frauen anzusehen.

Auf diesem Egoismus beruhen auch die überaus grausamen Attentate, welche hochgradig eifersüchtige Frauen an ihren treulos handelnden Männern verübten, indem sie dieselben — entmannten.

Es brachten im Oktober 1888 die „Wiener Zeitungen" folgende Nachricht:*)

---

*) Wir citiren hier wörtlich diese, dem „Wiener Tagblatte" entnommene Nachricht.

Die That einer Eifersüchtigen.

Der Gasthof „zum weissen Hahn" im neunten Bezirk war in der verflossenen Nacht der Schauplatz eines blutigen Verbrechens, welches eine eifersüchtige Frau an ihrem eigenen Gatten begangen hat und welches vielleicht den Tod des Schwerverwundeten zur Folge haben wird. Es war kein versuchter Mord, denn die Thäterin hat ihrem Gatten nicht nach dem Leben getrachtet, sondern sie hatte nur beabsichtigt, ihn in einer Weise zu verstümmeln, welche es ihm unmöglich machen sollte, die eheliche Treue, wenn er sie auch fortan nicht mehr halten kann, so auch nicht zu brechen. Diese Absicht hat die entmenschte Frau mit fürterlicher Grausamkeit zur Ausführung gebracht. Während ihr Gatte schlief, vollführte sie vermittelst eines Rasirmessers eine furchtbare Verstümmelung an dem Unglücklichen, und als nach geschehener That der Mann laut wehklagte und um Hilfe rief, suchte die Frau es noch so lange als möglich zu verhindern, dass ihm Hilfe geleistet werde. Als die Hotelbediensteten das Zimmer betraten, in welchem die That begangen worden, lag der Mann schwer verwundet im Bette. Eine Blutlache auf der Erde enthielt den Beweis dafür, welches Verbrechen geschehen war.

Im Jahre 1877 ist in Wien eine ähnliche That begangen worden. Damals hatte eine 36jährige Köchin ihren 25jährigen Geliebten in den Eszterházy-Park zu einem Rendez-vous bestellt und in heimtückischer Weise die Möglichkeit herbeigeführt, für seine Untreue Rache an ihm zu nehmen. Der Verwundete ist mit dem Leben davongekommen, die Verbrecherin wurde zu sieben Jahren schweren Kerkers verurtheilt. Einen ähnlichen, nach den Umständen ebenso grausamen und widerlichen Racheakt vollführte diesmal eine 37jährige Frau Anna Bischof an ihrem um zehn Jahre jüngeren Gatten, dem in der Leopoldstadt, Augartenstrasse, wohnhaften Friseur Nikolaus Bischof. — Die Ehegatten lebten seit geraumer Zeit nicht mit einander, der Mann lebte in Wien die Frau in Ungarn. Vor einigen Tagen kam die Frau in Wien an, suchte eine Annäherung an ihren Gatten und bewog ihn gestern Abends, mit ihr gemeinschaftlich beim „Weissen Hahn" einzukehren, um dort zu übernachten.

Gegen 2 Uhr Früh wurden die Hausleute plötzlich durch gellende Hilferufe aus dem Schlafe geweckt. Man traf die Friseursgattin in Nachttoilette auf dem Korridor. Aus dem Zimmer, welches sie bewohnte, hörte man ein schreckliches Jammergeschrei. Die Leute wollten in das Zimmer eilen, Frau Bischof trat ihnen jedoch entgegen und wollte sie abhalten, in das Zimmer einzutreten. Ihr Mann, sagte sie, sei plötzlich irrsinnig geworden. Das Wehklagen hörte jedoch nicht auf, die Hotelbediensteten schoben die Frau bei Seite und traten in das Zimmer ein. Der Friseur lag im Bette und krümmte sich vor furchtbaren Schmerzen. Der Fussboden bot einen ekelerregenden Anblick. Mit dem Rasiermesser, welches in der Blutlache auf der Erde lag, war eine Verstümmelung begangen worden, die sich nicht näher andeuten lässt.

Anna Bischof hatte im Gasthofe, bevor man sie abführte, geäussert: „**Wenn ich ihn nicht besitzen kann, soll ihn eine Andere auch nicht haben.**"

Die Eifersucht ist eben nichts anderes, als nur eine Form des Hasses und muss darum auch mit der Liebe in wechselseitiger Verbindung stehen, besonders mit einer auf die Sinnlichkeit beruhenden Liebe. Es lässt Shakespeare daher auch seinen Richard III. sagen:

„Ich seh' wenn süsse Lieb' lässt von der Art
So schlägt sie um in tödtlich herben Hass."

Eifersucht ist eben nur ein Schmerz des Gefühls der Liebe, u. z. genau genommen nur der, welchen eine durch die Untreue des geliebten Gegenstandes uns zugefügte Kränkung verursacht. sie ist, nach Mantegazza, die auf Liebe bezogene Beleidigung unseres Eigentumsgefühles. Das Kind kratzt und beisst den, der ihm eine Frucht oder ein Spielzeug wegnimmt; wir leiden, wenn man uns unsere Bücher, die Blumen aus unserem Garten stiehlt; es ist daher auch ganz natürlich, dass wir den, welcher sich an unser Weib, an unsere Geliebte, an unser theuerstes Besitzthum wagt, auch bitter hassen müssen. Das dadurch gekränkte Gefühl treibt, ja zwingt uns nun dazu, den Kränkenden anzugreifen, dem wehe zu thun, der uns jenen Schmerz zufügte, oder von dem wir glauben, dass er uns einen solchen zufügen könne. Jedes Schmerzzufügen ist aber eine grausame Handlung, welche sich je nach der auf der Blutmischung (Temperament) beruhenden Characteranlage äussern wird.

Und so paradox dies auch klingt, Hartmann in seiner „Philosophie des Unbewussten" bemerkt ganz richtig: „es gibt keine Lust, die nicht einen Schmerz enthielte, und keinen Schmerz, mit dem nicht eine Lust verknüpft wäre." — Es sind eben selten die Verhältnisse so einfach, dass das Gefühl in der Befriedigung oder Nichtbefriedigung eines einzigen bestimmten Begehrens besteht, sondern die verschiedenartigsten Gattungen von Begehrungen durchkreuzen sich in jedem Augenblick auf das Mannigfaltigste, und durch dasselbe Ereigniss werden einige befriedigt, andere nicht befrie-

digt, daher gibt es weder eine reine, noch auch
eine einfache Lust.

Die nahe Verwandtschaft der Wollust mit
der Grausamkeit hatten bereits schon das älteste *Nero, die perso-*
Culturvolk, die Chaldäer erkannt, indem sie beide *nifizirte grausame Wollust.*
in Aschera, der Göttin der Liebe und Zeugung,
aber zugleich auch des Krieges und des Todes
personificirten. So recht deutlich geht diese aber
aus Nero hervor, wie diesen Hamerling in seinem
Epos „Ahasverus" schildert und in welchem er als
hundertarmiger Titane des Genusses erscheint, der
diesen Genuss auch in der Zerfleischung seiner
Opfer sucht. — Gleich im ersten Gesange bricht
er die Unschuld einer blutjungen Gaditanerin.

„Ich will sie nicht verschmähen, die würzige Blüthe
Vom goldenen Tajostrand, — ich will ihn schlürfen,
Den jungen Schaum von diesem Feuerwein:
Dies reizend frische Kind, dies edle Blut,
Dies unerschlossene reine süsse Leben. —
Das Alles ist ja eben gut genug
In Nero's Sein, ein Stündchen auszufüllen."

Im zweiten erscheint er in vollem Taumel der
Wollust und Grausamkeit:

„Hu, bei schrillem
Gequick der Flöt und dumpfem Erzgedröhne
Geberdet toll und toller sich die Schaar,
Auf Luchsen, Panthern reiten die Mänaden
Verkehrt und spornen mit den Thyrsusstäben
Die Thiere, Andere springen wie verzückt,
Und wiegen, winden sich in unerhörten
Bewegungen, gewaltsam weit die Köpfe
Zurückgebeugt, die Augen vorgequollen.

> Sie führen mit sich junge Wölfe, Böcklein
> Und Kälber und zerreissen sie, bekleiden
> Mit ihren Fellen sich und werfen dann
> Mit Stücken ihres Fleisches toll um sich.
> Sie winden spielend Schlangen um den Leib sich
> Und um die Stirn, und manche bindet gar
> In einem Knoten sich mit einer Natter
> Das wallende Gelock."

Die schöne Poppäa wird durch aphroditisch gewürzte Becher in eine wilde Bacchantin verwandelt; die Göttin Roma, die das Feuer der Begierde in ihm erweckt, lässt in einer Laube die Maske fallen: es ist seine Mutter Agrippina:

> „Geteilt noch zwischen Zorn und Glutbegier,
> Steht Nero, starrt in's Angesicht der Mutter
> Und sieht zum erstenmale, wie sehr sie prangt,
> Und dass sie Romas schönstes Weib noch ist.
> Den Blick des Staunenden erwiedert staunend
> Die Stolze — nur ihr Auge triumphirt,
> Ich habe nie ein Weib gesehen, so ruft
> Er endlich aus, das mir das Herz bezwang,
> Und nun — nun muss es dieses sein? Natur
> So äffst du mich? — Nun wohl, so soll mir auch
> Das Unnatürlichste das Liebste sein ..."

Agrippina entflieht seinen blutschänderischen Gelüsten und droht in einem Gespräch mit ihrem Geliebten, dem freigelassenen Paris, Nero zu entthronen und dessen Stiefbruder Britannicus zum Kaiser zu erheben.

Sie besiegelt damit ihr Todesurtheil. „Brüte mir," sagte Nero, der dieses Gespräch belauschte, zu seinem Günstling Tigellin, „gleich den Schlan-

gen deines heissen Heimatslandes, die giftigsten
der Gräuel aus, für Britannicus, Paris und für
Agrippina.

III.
Grausamkeit und Wollust auf religiösem Gebiete.

Wenn nun auch der Grausamkeitstrieb nicht
immer unmittelbar auf das Wollustgefühl und umgekehrt, reagirt, so lässt sich doch derselbe immer,
wenn oft auch auf ein kaum merkbares Sexual-
Empfinden indirect zurückführen, selbst in Mo-
menten, wo s c h e i n b a r ein solches sich nicht
vermuthen lässt, z. B. in religiösen Dingen in
Schlachten, bei Hinrichtungen u. s. w.

Wie schon bemerkt, findet das Gefühl der
Grausamkeit und der Wollust in dem rein Thierischen des Menschen seine gemeinsame Quelle. Die
Liebe nun, welche die Basis der Wollust ist, hat
wieder mit der Religion gemein, dass beide, entgegen der Grausamkeit und Wollust, dem Trans-
cendentalismus zugehören, indem eben alle beide
keine empirische Erkenntniss zulassen.

Aus der mehrfachen Uebereinstimmung beider
Schwärmereien erklärt sich, dass bei starken In-
tensitätsgraden die eine für die andere vicarirend
(stellvertretend) eintreten kann, oder eine neben
der anderen auftaucht, da jede starke Hebung
eines Elementes im Seelenleben die Umgebung mit-

hebt. Das gleichbleibende Gefühl ruft also von den beiden Vorstellungskreisen, mit welchen es verknüpft ist, bald den einen, bald den andern ins Bewusstsein. **Beide seelische Erregungen können aber auch in den Trieb zur (activ geübten oder passiv erduldeten) Grausamkeit umschlagen.**

Innerhalb des religiösen Lebens kommt es dazu durch das Opfer. Dieses wird zuerst mit der Vorstellung dargebracht, dass es von der Gottheit materiell genossen wird, dann, dass es ihr zu Ehren, als Zeichen der Unterwerfung, als Tribut dargebracht wird, endlich, dass die Sünde und Verschuldung gegen die Gottheit getilgt und die Seligkeit erworben wird.

Besteht das Opfer aber, wie es in allen Religionen vorkömmt, in einer Selbstpeinigung, so dient es bei religiös sehr erregbaren Naturen nicht nur als Symbol der Unterwerfung und als ein Äquivalent im Tausch gegenwärtiger Unlust gegen künftige Lust, sondern Alles, was als von der unendlich geliebten Gottheit kommend gedacht wird, was auf ihren Befehl oder ihr zu Ehren geschieht, wird direct als Lust empfunden. **Die religiöse Schwärmerei führt dann zur Extase, zu einem Zustande, in dem das Bewusstsein derart von psychischen Lustgefühlen präoccupirt ist, dass die Vorstellung der erduldeten Misshandlung, nur ohne ihre Schmerzqualität wahrnehmbar werden kann.**

Auch activ kann die Exaltation der religiösen Schwärmerei zur Freude an der Opferung Anderer führen, wenn das Mitleid mit fremdem Schmerz von religiösen Lustgefühlen compensirt wird.

Dass es auf dem Gebiete des Geschlechtslebens zu ähnlichen Erscheinungen kommen kann, zeigt der Sadismus und ganz besonders der Masochismus.

So lässt sich die oft constatirte Verwandtschaft von Religion, Wollust und Grausamkeit etwa auf die folgende Formel bringen: Religiöser und sexueller Affectzustand zeigen auf der Höhe ihrer Entwicklung Uebereinstimmung im Quantum und Quale der Erregung und können desshalb unter geeigneten Verhältnissen vicariren. **Beide können unter pathologischen Bedingungen in Grausamkeiten umschlagen.**

Die nahe Verwandtschaft dieses Trivium geht auch aus der Entstehung der verschiedenen Culten bei den Indiern, Aegyptern, Griechen u. A. hervor und äusserte sich bei den Barbaren vor Allem in Entfesselung der bestialischen Natur, die dem Menschen als Thier innewohnt, in gesellschaftlicher Zuchtlosigkeit, in einer Mischung der sinnlichsten Wollust mit der bestialischsten Grausamkeit.

Die Entstehung des Lingamdienstes bei den Indiern.

So findet man bei den Indiern in Civa die Gottheit des Lebens und Todes personificirt, welcher als letzterer die Selbstqualen der Büsser liebt; andererseits ist er als die Gottheit des frischen, pulsirenden Lebens ein Freund der Zeugung und

Erschaffung. Aus beiden Vorstellungen entwickelte sich nun ein Cultus, bei dem wilde Fleischeslust, Wollust, sich mit Kasteiungen und Selbstquälereien, verbanden. Er wurde unter dem Symbol des Lingam (Phallus) — dem männlichen Zeugungsgliede — verehrt, und erzählt Somerat in seiner „Reise nach Indien und China" den Mythus vom Lingamdienste unter den Vishnuverehrern folgendermaassen:

„Die Büsser hatten durch ihre Opfer und Gebete grosse Gewalt erlangt; aber ihre und ihrer Frauen Herzen mussten stets rein bleiben, wenn sie sich im Besitz derselben erhalten wollten. Civa hatte aber die Schönheit dieser letztern rühmen gehört und fasste den Entschluss sie zu verführen. Zu diesem Endzweck nahm er die Gestalt eines der in Indien zu Tausenden im Lande umherziehenden, fast ganz unbekleideten Fakire von vollkommener Schönheit an, hiess den Vishnu sich in ein schönes Mädchen zu verwandeln, und an den Ort zu begeben, wo sich die Büsser aufhielten, um sie in sich verliebt zu machen. Vishnu begab sich dahin und indem er vorüberging, warf er ihnen so zärtliche Blicke zu, dass sie alle in ihn verliebt wurden. Sie verliessen alle ihre Opfer um dieser jungen Schönen zu folgen. Ihre Leidenschaften nahmen dadurch noch mehr zu, am Ende schienen sie ganz leblos und ihre schmachtenden Körper glichen dem Wachs, das in der Nähe des Feuers schmilzt. — Civa selbst begab sich an den Wohnort der Frauen. Wie die Fakire trug er in der einen Hand eine Wasserflasche und sang dabei.

wie diese zu thun pflegen. Sein Gesang war aber so entzückend, dass sich alle Frauen um ihn versammelten, worauf sie durch den Anblick des schönen Sängers erst völlig in Verwirrung geriethen. Diese war bei einigen so gross, dass sie ihren Schmuck und ihre Bekleidung verloren, und im Gewande der Natur folgten ohne es zu bemerken. Nachdem er das Dorf durchzogen hatte, verliess er es, aber nicht allein, denn alle folgten ihm in ein benachbartes Gebüsch, wo er von ihnen erhielt, was er wünschte. Bald darauf wurden die Büsser gewahr, dass ihre Opfer die vorige Kraft nicht mehr hatten, und dass ihr Vermögen nicht mehr dasselbe war, wie ehedem. Nach einigen frommen Betrachtungen wurden sie nun gewahr, dass es Civa gewesen, der in Gestalt eines Jünglings ihre Frauen zur Ausschweifung verleitet hatte und dass sie selbst von Vishnu in der Gestalt eines Mädchens zur Wollust verführt wurden.

Sie beschlossen daher, Civa durch ein Opfer zu tödten.

Sie vereinigten alle ihre Gebete und Büssungen und sandten sie gegen Civa. Dies war das schrecklichste ihrer Opfer, und Gott selbst konnte dessen Wirkungen nicht widerstehen. Wie eine Feuerflamme gingen sie auf und ergriffen Civas Zeugungsteile und trennten sie von seinem Körper. Erzürnt über die Büsser, nahm sich nun Civa vor, die ganze Welt damit in Brand zu setzen. Derselbe fing auch schon an um sich zu greifen, als Vishnu und Brahma, denen es oblag, die Geschöpfe zu erhalten, auf Mittel dachten, demselben Einhalt zu thun. — Brahma und Vishnu nahmen Civas Zeugungsteile auf, wodurch der allgemeine Brand verhindert wurde. Civa versprach nun die Welt nicht zu verbrennen, wenn die Menschen den losgetrennten Teilen göttliche Ehren erweisen würden."

Auch die indische Lyrik ist fast durchwegs erotischen Inhaltes und reich an Stellen üppigster, ja lasciver Sinnlichkeit und Lüsternheit.

Im höchsten Paroxismus werfen sich dann die Gläubigen den heiligen Krokodilen des Ganges vor oder lassen sich unter den Rädern des Götterwagens zu Jaggernaut zermalmen.

Aehnlich beschaffen war auch der Cultus der verschiedenen Gottheiten bei den Phöniciern. Auch diese fanden Gefallen an sinnlichen, wollüstigen Opfern, forderten andererseits aber auch grausame Opfer. — ja, man kann sagen: Sinneslust und Selbstpeinigung war bei ihnen unter allen asiatischen Völkern am Schärfsten ausgeprägt. Erforderte der Cultus der Astarte (Cybele) die unzüchtigste, lasterhafteste Preisgebung des Weibes, so verlangte Moloch, der Gott des Krieges die grausammsten Opfer. Zimmermann in seinem Buche „Die Wonnen des Leids" schildert diese folgendermassen: „In seine glühende Arme legte man die aus Kindern und Jünglingen bestehenden Opfer, welche dann in den mit Feuer gefüllten Schlund hinabrollten. Und zu solcher Höhe der Gefühllosigkeit steigerte sich der religiöse Wahn, dass bei den schrecklichsten Qualen der Unglücklichen kein Schmerzenslaut gehört werden durfte, dass die dabei stehenden Mütter ihr namenloses Weh tief in den Busen verschliessen, dass alle Klagetöne unter dem Geräusch lärmender Pfeifen und Pauken erstickt wurden."

Sehr nahe verwandt der Entstehung des Lingamdienstes ist auch jene des Isisdienstes in Aegypten, deren Cultus unter den entmenschtesten Ausschweifungen begangen wurde.

Aphrodite, die Göttin der Liebe und der Wollust, verdankte ihr Sein ebenfalls nur einem Grausamkeitsact, indem das Zeugungsglied des Kronos von seinem Sohne Saturnus abgeschnitten in's Meer fiel und dieses hierdurch befruchtet, Aphrodite „die aus Meerschaum hervorgegangene Göttin" gebar.

Noch deutlicher geht die Verwandtschaft zwischen Wollust, Religion und Grausamkeit hervor aus den zu Ehren der Liebesgöttin (Venus, Astarte, Mylitta, Cybele u. s. w.) geheiligten Festen, und noch mehr aus den zu Ehren des Bacchus (Dionysos) gefeierten Bachanalien, bei welchen jeder Nichteingeweihte von den rasenden Weibern, (Mänaden) in Stücke zerrissen wurde, wie dies z. B. Orpheus dem Sänger der Unterwelt geschah.

Aus dem Dionysos-Dienst hervor gingen die Trieterischen Nächte, ein durch ganz Griechenland verbreitetes, höchst fanatisches Frauenfest, die Mysterien der Cybele, in denen Verstümmlung der Geschlechtsteile, die Mysterien der Aphrodite, bei welchen der Geschlechtsgenuss bis zur Prostitution, heiligstes Gesetz war, wurden in Cypern, Athen und dem übrigen Griechenland gefeiert.

Die Castration.

Als Folge dieser grausam-wollüstigen Festivitäten lässt sich die Entmannung ansehen, welche ihre Heimat in Syrien und Phönizien hat. Molochs weibliche Seite ist die grosse Astarte der Sidonier, die Mond- oder Kriegsgöttin, deren heiligstes Feuer Priesterinnen hüteten, welche das Gelübde ewiger Keuschheit abgelegt hatten. Ihr Dienst führte zu anderen Ausschreitungen. Damit die fleischliche Lust ertödtet würde, entmannten sich Priester und Tempeldiener, die sich im Bereiche des Tempels aufhielten und Gallen genannt wurden. Wenn an grossen Festtagen der laute Lärm der Cymbeln, Pauken und Doppelpfeifen und das wilde Gebahren der in ausgelassenen Tänzen sich bewegenden Priesterschaar die religiöse Begeisterung bis zur Extase steigerte, verstümmelten sich Jünglinge, von heiliger Wuth getrieben, mit dem Schwert der Göttin selbst und weihten sich ihrem Dienst. Ganze Banden zogen unter lärmender Musik und in phantastischem Aufzuge bettelnd im Lande herum. „Sie waren in buntfarbige, schmutzige Frauenkleider gehüllt," wie Lucian erzählt, „Gesicht und Augen gleichfalls nach Frauenweise bemalt, der Kopf mit gelben, leinenen oder seidenen Turbanen umwunden; andere trugen weisse Kleider, vorn mit der rothen, herabhängenden Clava geschmückt.

Die Arme waren bis zur Schulter aufgestreift, grosse Schwerter und Beile, auch die Geissel, dann Klappern, Pfeifen, Cymbeln oder Tympanen in den Händen, so zogen sie mehr tanzend als gehend unter dem Schall einer wilden Musik die Strasse entlang.

Dabei zerbeissen sie sich zuerst die Arme und zerschneiden sie zuletzt mit zweischneidigen Schwertern, die sie zu tragen pflegen. Einer von ihnen fängt nun unter Ächzen und Stöhnen an zu prophezeien," er klagt sich öffentlich seiner begangenen Sünden an, nimmt die knotige Geissel, zerschlägt sich den Rücken bis das Blut herabfliesst." Wie Luzian weiter bemerkt, lebten die Gallen auch in Gemeinschaft der Frauen und waren diese ihnen in besonderer Liebe zugethan, was sich sehr leicht daraus erklären lässt, dass bei den Meisten wahrscheinlich noch die Potentia coeundi erhalten war und sie daher von ihnen zu einer folgenlosen Befriedigung des Geschlechtstriebes benützt wurden.

Sehr zahlreich war diese Classe von Priestern zu Hierapolis. Von Asien aus verpflanzten sie sich dann nach Griechenland und Rom, wo sie besonders am byzantischen Hofe unter dem Namen Eunuchen grosse Macht und Einfluss erlangten. Die nur halb Entmannten, bei welchen die Hoden nicht ganz weggenommen, sondern nur durch Reiben, Drücken und ähnliche Manipulationen mehr oder weniger zerstört wurden und Phlibiae, Phlasiae, Phladiae hiessen, dienten den vornehmen Frauen zur Befriedigung der Wollust.

Ein Jünger des Origenes, der Araber Valerius, gründete im Jahre 250 die erste Secte der Castraten, die Valerianer genannt wurden. Als sie vom Kaiser Constantin und Justinian verfolgt wur-

Skopzen.

den, zerstreuten sie sich und sind vielleicht die ersten Vorläufer der in Russland zahlreich verbreiteten Skopzen, einer geheimen religiösen Secte, welche um die Mitte des 18. Jahrh. aus den russischen Fagellanten hervorging. Die Skopzen gehen von dem Grundsatze aus, dass sie durch Selbstverstümmlung sich das Himmelreich erwerben, wobei sie sich auf mehrere Bibelstellen berufen.

Um sich von der Sünde zu erlösen, predigte nach ihrem Glauben Christus die Kastrierung, er kastrierte sich selbst, und alle seine Jünger thaten es ihm nach; so auch die ersten Christen. Und diesem Beispiele leisten sie durch Entmannung auch Folge. Die Verstümmlung selbst besteht bei den Männern in der Abnahme der Ruthe nebst dem scrotum; bei den Frauen schneidet, brennt oder reisst man die Warzen aus den Brüsten, oder die beiden Milchdrüsen werden herausgerissen; zuweilen wird auch ein Teil der kleinen Schamlippen allein oder mit der Klitoris abgenommen, oder man amputirt den oberen Teil der grossen und kleinen Schamlippen und die ganze Klitoris.

Weitere nur auf die libido. sexualis bezugnehmende grausame Acte sind noch:

Infibulation und Klitoridektomie. Die Infibulation, welche die Ausübung des Beischlafes und den Missbrauch der Geschlechtsteile verhüten soll, war schon den Römern bekannt, wie dies aus Stellen Uvenals und Martials hervorgeht. Dieselbe besteht in der Durchstechung des praeputium oder der kleinen Schamlippen und Durchführung eines Bleidrahtes durch die

Stichkanäle, welcher bis zur Vernarbung darinnen liegen bleibt nnd nachher mit der Fibula, einem verzinnten Metalldraht, welchen man ringförmig biegt und an den Enden zusammenlöthet, vertauscht wird. Bei den Mädchen und Frauen in Abessinien und im Sudan geschieht sie, indem man mit einem scharfen Messer die innere Oberfläche der grossen Lippen blutig ritzt und in die Harnröhre eine Art Catheter setzt, um den Urin abzulassen. Dann werden die beiden grossen Fusszehen zusammengebunden und dann die Füsse von den Knöcheln aufwärts bis zur Hälfte bandagirt um die grossen Lippen einander so zu nähern, dass sie zusammenwachsen können. Soll nun ein solcherart infibulirtes Mädchen heiraten, so schneidet die Mutter in Gegenwart des Gatten die Narbe von unten nach oben soweit als nötig auf.

Auch die Klitoridektomie (Die Verstümmlung der Klitoris) verfolgt denselben Zweck und wird nach Mantegazza besonders bei den Frauen der Jioaros vom oberen Amazonenstrom vorgenommen, da diese sehr ausschweifend sind, viele Frauen haben wollen und glauben, dass dieselben durch diese barbarische Grausamkeit ihnen die Treue besser bewahren. Dieser Schilderung fügt er folgende schönen Worte bei: „Es ist wohl kaum möglich, eine egoistischere Verstümmlung zu ersinnen, wenn man bedenkt, dass die Liebe ein Genuss zu zweien ist; das Lustgefühl unserer Gefährtin zu verhindern, ist eine Barbarei, welche mit Wucher durch die Verminderung der eigenen Lust gebüsst wird."

Ausser diesen vorgenannten Grausamkeitsarten suchen viele australische Völkerschaften durch eine künstliche Hypospadiasie und ebensolche Urethrotomie die Befruchtung zu hindern, ohne damit jedoch hinsichtlich der Befriedigung ihres Geschlechtstriebes eine Einschränkung erleiden zu brauchen.

So heisst es in einem 1879 in Adelaide erschienenem Werke: „Die eingebornen Stämme Süd-Australiens" über die Sitten der Australier vom Stamme Dieyrie: „sie vollziehen die „Kulpi" genannte Operation u. zwar, sobald der Bart genügend gewachsen sei, um gebunden werden zu können. Das Glied wird auf ein Stück Rinde gelegt und die Harnröhre mit einem spitzen Kieselstein geschnitten, und auf die Wunde wird dann wieder ein Stück Rinde gelegt, damit sie sich nicht schliesst. In Central-Australien wird der Schnitt mit einem spitzen Kieselstein von der Oeffnung der Harnröhre bis zum scrotum gemacht und dann ein Stückchen Rinde dazwischen gelegt, damit die Ränder des Einschnittes sich nicht wieder schliessen. — Bei der Erection wird dann das so operirte Glied sehr breit und glatt und beim Coitus fliesst der Same aus den Schamteilen wieder ab. — Bei den Frauen wird die Ovariotomia vorgenommen.

Auch die Verlängerung der Schamlippen der Frauen bei den Hottentotten (Hottentottenschürze) und anderen afrikanischen Völkerschaften muss als Grausamkeitsact bezeichnet werden.

Flagellation. In dasselbe Gebiet gehört auch die Flagellation, wenn gleich dieselbe sich mehr als eine Erscheinungsform religiöser Exaltation darstellt, besonders bei der im Mittelalter eine grosse Rolle spielenden Brüdergesellschaft der Flagellanten. — Da aber die Flagellation bei den zwei Hauptformen der Grausamkeiten der Liebe, beim Masochismus und beim Sadismus wie später gezeigt werden wird sich hervorragend geltend macht, so ist es sehr zweckdienlich, den Leser schon jetzt damit bekannt zu machen.

Schon unter den Christen der ersten Jahrhunderte gewann der Gedanke Raum, dass es, weil auch Christus für die Sünden der Menschheit gegeisselt wurde, verdienstlich und zur Erlangung der Seligkeit erforderlich sei, sich Entbehrungen und insbesondere körperliche Qualen freiwillig aufzuerlegen.

Der Gedanke lag nahe, sich diese durch selbst erteilte Schläge zu verursachen und wir finden daher schon frühzeitig unter den Christen Selbstgeissler, besonders unter den Mönchen. — Gleichzeitig wollte man die Anfechtungen des Fleisches dadurch niederbändigen.

Allmälig wurde die freiwillige Geisselung als Mittel der Busse immer beliebter. — Besondere Regeln bestimmten, durch welche Strafen gewisse Sünden gebüsst werden konnten. Es bildeten sich um die Mitte des 11. Jahrhunderts in Italien Gesellschaften aus Männern und Weibern aller Stände und jeden Alters, die die Strassen der Städte, unter Vorantritt von Priestern mit Kreuzen und Fahnen, durchzogen und, selbst in der strengsten

Winterkälte bis zum Gürtel entblösst, sich unter
Singen und Beten bis aufs Blut peitschten. Von
Italien breiteten sie sich nach und nach über ganz
Deutschland, Holland, Belgien, England, Schweden,
die Schweiz und Frankreich so aus, dass sie
gegen Ende des 13. und bis zur Mitte des 14.
Jahrhunderts zu einer wirklichen Geissel der Völker und Länder wurden, bis sie wieder nach und
nach verschwanden.

Anfangs wurde diese Secte durch die Kirche
begünstigt. Da aber durch das Flagelliren erst
recht die Sinnlichkeit wachgerufen wurde, was viele
öffentliche Ärgernisse und Scandalgeschichten her-
vorrief, so war die Kirche schliesslich genötigt,
gegen das Flagellantentum mit den strengsten Strafen vorzugehen.

Aber auch schon vorher entstand unter den
Frommen darüber ein Streit, ob man sich beim
Geisseln entblössen solle oder nicht, und ferner,
ob Schläge auf Rücken und Schultern, oder auf
das Gesäss der Gesundheit weniger nachteilig
oder dem Himmel angenehmer seien. Die ganze
geisselnde Welt teilte sich in zwei Parteien, die
eine zog die obere Disciplin vor (disciplina supra),
die andere die untere (disciplina deorsum).

Die Gegner der unteren Disciplin*) meinten, sie

---

*) Ursprünglich bedeutete dieses Wort alle Strafen
und Züchtigungen; als aber die Disciplin durch Geisseln
über jede andere Art den Preis davontrug, wurde das
Wort Disciplin der technische Ausdruck, womit man
diese Art Züchtigung bezeichnete, und endlich nannte
man selbst das Instrument, welches zum Schlagen gebraucht wurde, die Disciplin.

verstosse gegen die Schamhaftigkeit. Der Abbé Boileau in seinem Werke „die Geschichte des Flagellantentums" sagt diesbezüglich: „Wenn man ein Uebel flieht, so muss man wohl Acht geben, dass man nicht unklugerweise in das entgegengesetzte rennt. Wenigstens ist die Geisselung der Lenden um so viel gefährlicher, als die Krankheiten des Geistes mehr zu fürchten sind, als die des Körpers."

Wenn nämlich die Lendenmuskeln von Ruthenoder Peitschenhieben getroffen werden, so stossen die Lebensgeister mit Heftigkeit gegen das os pubis (Schambein) zurück und erregen unkeusche Bewegungen. — Diese Eindrücke gehen sogleich in das Gehirn über, malen hier lebhafte Bilder verbotener Freuden, bezaubern durch ihre trügerischen Reize den Verstand, und die Keuschheit liegt in den letzten Zügen."

Ausser dem Benedictiner-Mönch Dominicus waren die berühmtesten Geisselheldinnen: die hl. Catarina von Cardone, Maria Magdalena von Pazzi und Elisabeth von Genton. Besonders characterisirende Momente für die sexuellerregende Bedeutung der Geisselung sind — nach Corvin „die Geissler" — folgende Tatsachen aus deren Leben.

Catarina von Cardone brauchte zum Geisseln Ketten mit Häkchen, oder eine gewöhnliche Geissel, in welche sie Nadeln und Nägel steckte, oder die sie mit Dornenzweigen durchflochten hatte. Mit solch grässlichen Werkzeugen geisselte sie sich oft zwei bis drei Stunden lang, um ihre fleischlichen Begierden zu erdrücken. Und dennoch sagte sie: „Der Teufel ist ein Unglücklicher, der nichts liebt, und die Hölle ein Ort, wo man auch nicht liebt."

Maria Magdalena von Pazzi, eine Karmeliternonne war im Jahre 1566 in Florenz geboren und die Tochter angesehener Eltern — Schon als Kind hatte sie eine Leidenschaft für das Geisseln, und als sie 17 Jahre alt war, nahm sie den Schleier. Es war ihre grösste Freude wenn die Priorin ihr die Hände auf den Rücken binden liess und sie in Gegenwart sämmtlicher Schwestern mit eigener Hand auf die blossen Lenden geisselte. Diese, schon von Jugend auf vorgenommenen Geisselungen hatten ihr Nervensystem ganz und gar zerrüttet, und keine Heilige hat so häufig Verzückungen gehabt wie sie. Während derselben hatte sie es besonders mit der Liebe zu thun, und schwatzte darüber das wunderlichste Zeug. Der himmlische Bräutigam erschien ihr sehr häufig, und zwar in allen möglichen Lagen. — Das innere Feuer drohte sie zu verzehren, und häufig schrie sie: „Es ist genug, mein Jesus! Entflamme nicht stärker diese Gluth, die mich verzehrt. Nicht d i e s e Todesart ist es, die sich die Braut des gekreuzigten Gottes wünscht; sie ist mit allzu vielen Vergnügungen und Seligkeiten verbunden!"

So steigerte sich ihr Zustand von einer Stufe des Wahnsinns zur andern, und endlich bildete sie sich ein, förmlich mit Christus vermählt zu sein. Die Hysterie erreichte den höchsten Grad, und „der Geist der Unreinigkeit" blies ihr die wollüstigsten und üppigsten Phantasien ein, so dass sie mehrmals nahe daran war, ihre Keuschheit zu verlieren. Aber die Qualen, denen sie sich nach solchen Versuchungen unterzog, waren entsetzlich. Sie ging in die Holzlagerstätte, band einen Haufen Dornensträucher los und wälzte sich so lange darauf, bis sie am ganzen Körper blutete und der Teufel der Unzucht sie verlassen hatte. — Sie wurde nach ihrem Tode heilig gesprochen.

Aehnlich verhielt es sich mit E l i s a b e t h v o n

Genton. Dieselbe gerieth durch das Geisseln förmlich in eine bachantische Wuth. Am meisten raste sie, wenn sie, durch ungewöhnliche Geisselung aufgeregt, mit Gott vereinigt zu sein glaubte, den sie sich als einen schönen nackten Mann und in beständigem Bräutigamstaumel mit seiner irdischen Geliebten dachte. Dieser Zustand des Verzückens war so überschwänglich berückend, dass sie häufig in den Ruf ausbrach: „O Gott! o Liebe, o unendliche Liebe! o Liebe! o ihr Creaturen, ruft doch alle mit mir: „Liebe! Liebe!"

So wie unbefriedigte Sinnlichkeit gar häufig in religiöser Schwärmerei ein Äquivalent sucht und findet, eben so oft kommt religiöse Schwärmerei im Pubertätsalter vor und häufig kann man in dem Leben der Heiligen sexuelle Anfechtungen beobachten.

Die heilige Catarina von Genua war in Liebe, zu Christus natürlich, dermassen entbrannt, dass sie darüber toll wurde. Sie glühte wie ein Ofen, und oft wälzte sie sich auf der Erde herum und schrie: „O Liebe! Liebe, ich halte es nicht mehr aus!"

Die heilige Passidea, eine Cistercienserunonne aus Siena, quälte sich, noch ehe sie in's Kloster ging. Sie geisselte sich mit Dornen und wusch dann die Wunden mit Essig, Salz und Pfeffer. Sie schlief auf Kirschkernen und Erbsen, trug ein Panzerhemd von 60 Pfund Schwere und stieg in gefrierende Teiche, um sich mit einfrieren zu lassen, Als sie Nonne war, erschien ihr einst Christus und drückte ihr seine fünf Wundenmale ein. Zwei Nonnen sahen durch das Schlüsselloch, wie Jesus sie drückte und verschwand und wie die Wunden bluteten.

Dergleichen Geschichten lassen sich zu hunderten aus der heiligen Legende erzählen, wodurch wiederum ein Beweis der Verwandtschaft der Grausamkeit mit Wollust und Religion erbracht ist.

IV.
Verschiedene andere Grausamkeits-Formen.

Vorliebe für öffentliche Hinrichtungen, Folterungen etc

Ein weiterer Beweis für den allgemeinen Grausamkeitstrieb im Menschen liegt auch in der Vorliebe Vieler, und sonderbarerweise sehr oft gerade feminini generis, für Hinrichtungen, öffentliche Auspeitschungen, Tödtungen von Thieren etc. Je grausamer solche Schaustellungen sich gestalteten, umsomehr Behagen fand man daran. So lange z. B. in England noch das öffentliche Auspeitschen der Frauen gebräuchlich war, arrangirten, wie Spencer berichtet, Edelleute öfters Vergnügungsreisen nach Bridewell, dem Orte der Züchtigung verkommener Weiber.

Zahllose Belege liefert uns ferner die Geschichte früherer Zeiten.

„Man denke an die blutigen Gladiatorenspiele im alten Rom, welche sogar bei den Frauen reichen Beifall fanden.

Während der Christenverfolgungen wurden die Verurtheilten unter dem Jubel der Zuschauer den wilden Thieren vorgeworfen. Nero soll eine besondere Wonne darin gefunden haben, sich in die Felle der wilden Thiere zu bergen und an den jungen Christenmädchen unnennbare Gelüste zu befriedigen.

C h r i s t l i c h e   P r i e s t e r   wandten später die Geissel als Strafmittel gegen ihre Beichtkinder an und e r k l ä r t e n d i e S c h a m   w e g e n d e r k ö r p e r l i c h e n E n t b l ö s s u n g, f ü r H e u c h e l e i. Natürlich beschäftigten sie sich am Liebsten mit jungen, schönen Weibern. Besonders die J e s u i t e n entwickelten auf diesem Gebiete eine eifrige Wirksamkeit durch Errichtung von Bussanstalten, geheimen Vereinen und dgl. Trotzdem später die Geisselung des weiblichen Geschlechtes nach der Beichte verboten wurde, brauchte man dieselbe doch in den Gefängnissen der Inquisition. Ohne Rücksicht auf Alter und Stand wurden die Armen auf das Schamloseste entblösst, ebenso bei der Folterung und den Auto da Fé's. Den Züchtigungen in Klöstern, wo man verliebte Mädchen und widerspenstige oder leichtsinnige Frauen einzusperren pflegte, wohnten die Mönche heimlich bei, ja sie leiteten bei besonders hübschen Weibern die Execution selbst." (Zimmermann.)

Entblössung bei Strafen und Folterungen.

Man erinnere sich ferner der zahllosen öffentlichen Schamlosigkeiten und mittelalterlich-rohen Grausamkeits-Acte aus den Zeiten der grossen französischen Revolution (1793) wo bei den öffentlichen Hinrichtungen auch das weibliche Geschlecht das Hauptcontingent stellte.

Diese Vorliebe dürfte eben einerseits aus der dadurch bedingten Entkleidung des Opfers, andererseits daraus zu erklären sein, dass überhaupt der Anblick grausamer Handlungen sexuell erregend auf viele Menschen wirkt und nach Krafft-Ebing die Lust an starken und ungewöhnlichen Eindrücken, an seltsamen Schauspielen das Mitgefühl an den Leiden Anderer unterdrückt, ja in rohen und abgestumpften Charakteren vollständig zum Schweigen bringt.

Es gibt eben unzweifelhaft sehr viele Naturen, auf die trotz oder gerade vermittelst ihres lebhaften Mitleidens Alles, was mit Tod und Qualen zusammenhängt, eine geheimnisvolle Anziehungskraft hat, die innerlich widerstrebend und doch einem dunklen Drange folgend, sich mit solchen Dingen oder wenigstens Bildern und Berichten davon zu beschäftigen trachten, ohne dass hiebei ein direct ausgesprochenes sexuelles Moment ins Bewusstsein tritt. — Es ist der Wunsch nach einer Aufregung, welche die Herzen vibriren und das Blut der Adern kaltschaudernd durchrinnen lässt, und welcher den Menschen mit Tannhäuser „aus Freuden sehnen lässt nach Schmerzen", um das öde Einerlei der Langenweile zu unterbrechen, einer bleiernen, zentnerschweren Langenweile zu entfliehen, durch wilden Genuss, Zerstörung, Schrecken seine erschlafften Nerven zu erregen.

Noth und Langweile sind eben, wie schon Schopenhauer bewies, die beiden Pole des Menschenlebens. Hört die Not auf, so fängt die Langeweile an, die nur durch noch nicht genossene Sinnesreize, durch noch nicht versuchten Nervenkitzel ertödtet werden kann, um dadurch zu verhindern, dass man sein Dasein nicht als eine widerwärtige Bürde empfindet. So vertrieb sich z. B. im Mittelalter der n i c h t s a r b e i t e n d e Adel die Langeweile mit Turnieren, Kreuzzügen, Jagden, also durch g r a u s a m e Vergnügungen. — L'Europe m'ennuie! sagte Napoleon und marschirte nach Russland.

Eine nicht zufällige, sondern pathologisch erklärbare Erscheinung ist auch die sexuell erregende Wirkung der Kampfeslust im Kriege. „Den Schrecken einer Plünderung seitens der Soldateska gesellte sich regelmässig viehische Wollust hinzu."

Eine solche Exaltation der Kampfeswuth malt auch Grillparzer in einer Schilderung der Schlacht:

„Und als nun erschallt das Zeichen,
Beide Heere sich erreichen,
Brust an Brust,
Götterlust!
Hinüber, herüber
Jetzt Feinde jetzt Brüder
Streckt der Mordstrahl nieder;

Empfangen und geben,
Den Tod und das Leben
Im wechselnden Tausch,
W i l d t a u m e l n d i m R a u s c h."

Holofernes in Hebbels Judith erklärt: „Jetzt suchen wir uns durch's Essen gegen das Gegessenwerden zu schützen und kämpfen mit unseren Zähnen gegen die Zähne der Welt. Darum ist's auch so einzig schön, durch's Leben selbst zu sterben! Den Strom so anschwellen zu lassen, dass die Ader, die ihn aufnehmen soll, zerspringt! Die höchste Wollust und die Schauder der Vernichtung in einander zu mischen!" Ein geniales Wühlen in der Wollust!

Grausamkeiten in Folge v. Krankheiten des Leibes. Grausames Handeln im Sexualleben des Menschen beruht auch sehr oft in pathologisch-krankhaften Erscheinungen des Leibes. So z. B. wird sehr oft der von Satyriasis befallene Mann oder die an Nymphomanie leidende Frau sich Grausamkeiten zu Schulden kommen lassen, in Folge der erzwungenen Abstinenz. Selbst das unvernünftige Thier ist solchen unterworfen, wie Lombroso (dies bei an Satyri) asis oder Nymphomanie leidenden Kühen, Stuten, Hühnern, bei Büffeln, Hunden, Störchen, Tauben beobachtete. Diese werden zu Zeiten des geschlechtlichen Erethismus so unbändig, dass sie Alles, was ihnen nahe kommt, selbst das Object ihres Lustgefühls beissen und tödten.

Uebrigens ist das Beissen und der Versuch eines solchen eine sehr häufige Erscheinung der Wollusterregung. Professor Jaeger („Seelentheorie") erklärt sich dasselbe daraus, „dass von dem Ausdünstungsgeruch ein indirecter Reflexreiz zu den Beissmuskeln in ähnlicher Weise geht, wie vom Nahrungsgeruche. Der Mensch entwickelt eben, nach seiner Theorie, ausser dem individuell verschiedenen Seelendufte. **A f f e c t - D ü f t e** von zweierlei Art: den wohlduftenden Luststoff und den widerlichen Unluststoff, die weit flüchtiger sind als der erste. Am leichtesten sind die Cerebral (Gehirnnerven-) Düfte zu riechen, besonders am Halse. Das erklärt auch, warum das Raubthier — und der Mensch, besonders der im Rausche einer Leidenschaft befindliche ist ja das grausamste! — sein Opfer vorzugsweise am Halse beisst, denn hier riecht es den als Lustduft auf seine Nase wirkenden A n g s tduft seines Opfers am stärksten. Auch bei der Liebe ist dies zu beobachten und erklärt sich daher der Umstand, dass man so gerne den Hals der Geliebten küsst.

Bei den Thieren ist ein Einfluss der Geruchswahrnehmungen auf den Geschlechtssinn unverkennbar und manche Thiere, wie z. B. das Moschusthier, Zibethkatze, Bieber, haben sogar an ihren Genitalien Drüsen, die scharfriechende Stoffe ausscheiden.

Ueberhaupt bilden Gerüche, sowol animalische als auch vegetabilische sehr beliebte indirecte Aphrodisiaca und ganz richtig bemerkt auch Mantegazza, d a s s k e i n a n d e r e r S i n n s o i n n i g e B e z i e h u n g e n z u r t h i e r i s c h e n W o l l u s t h a t, w i e d e r d e s G e r u c h s. „Auch die Blumen, sagt Darwin in seinem Werke: „Die Abstammung des Menschen" „die uns mit ihrem mannigfachen Duft entzücken, zeigen uns klar die engen Beziehungen, welche zwischen dem Geruch und der Liebe, zwischen den riechenden Molecülen und den Geheimnissen der Fortpflanzung bestehen." Besonders einige Parfüms, wie z. B. Moschus, Patschouli, Rose, das

Geranium, das Juchtenleder wirken auf sinnliche Männer fast betäubend und äusserst wollusterregend, weshalb Buhldirnen solche starkduftende Parfüms mit Vorliebe gebrauchen. Der 17. Vers des 7. Capitels der Sprüche Salomo's sagt nicht umsonst: „Ich habe mein Lager mit Myrrhen, Aloes und Cyklamen besprenget."

Grausamkeitszüge in der Literatur.

Beweise dafür, dass dem Menschen der Trieb der Grausamkeit eine conditio sine qua non seiner Natur ist und fast immer im Vereine mit wollüstigen oder religiösen Gefühlen auftritt, liefern auch die Schriften der hervorragendsten Dichter aller Zeiten und Länder. Göthe's Dictum:

„Greift nur hinein in's volle Menschenleben!
Ein Jeder lebt's, nicht Vielen ist's bekannt,
Und wo ihr's packt, da ist es interessant —"

will eben nichts weiter besagen, als dass der Dichter den Menschen nur schildert, w i e e r w i r k l i c h i s t, w i e e r i n b e s t i m m t e n V e r h ä l t n i s s e n, u n t e r g e w i s s e n U m s t ä n d e n g e n a u s o h a n d e l n m u s s w i e e r h a n d e l t, j a, d a s s e r v e r m ö g e s e i n e s F a t u m s g a r n i c h t a n d e r s a l s g r a u s a m z u h a n d e l n v e r m a g; gleich wie beim Tiger, der seine Beute jagt und grausam zerfleischt, dies eine Bejahung des Willens zum Leben ausdrückt, ebenso wird auch beim Menschen dadurch diese Bejahung geltend gemacht. Wie schon Fichte sagt: „Das Ich ist — Alles" und die V e r w i r k l i c h u n g d e s Z w e c k e s bildet immer und jederzeit den wesentlichsten Gegenstand der Thätigkeit des Einzelnen. Und der Zweck des Einzelnen, worin besteht er? In erster Linie das eigene Sein geniessbar zu gestalten, d. h. nach seiner Characteranlage, nach Zeit und Umständen zu „leben." „Leben", es ist dies ein vieldeutiges Wort Der Eine „lebt" eben, kann er materiell geniessen ; der Andere „lebt" in metaphysischen Träumereien! Dieses „Leben" es bedingt aber wieder: gleich dem vierfüssigen Raubthiere r ü c k s i c h t s l o s gegenüber seinen Mitgeschöpfen aufzutreten, d. h. den Widerstand zu überwinden und wo dies nicht in Güte geschehen kann, Gewalt zu gebrauchen. E i n e j e d e G e w a l t bedingt aber ein g r a u s a m e s Handeln. Gewalt und Grausamkeit sind sich synonym.

Der Dichter schöpft immer aus dem Vollen, aus dem Tatsächlichen. Und nicht ohne Grund werden von ihm Tropen und Paradoxe gebraucht. wie: „Todeslüsternheit," „Wonne des Weh's," „seliger Schmerz", „wollüstiges Entsetzen', u. s. w., um Zustände zu bezeichnen, in denen Wonnen und Weh, Lust und Schrecken g r a u s a m e s H a n d e l n u n d w o l l ü s t i g e s F ü h l e n in Eins zusammenfliessen.

H o m e r. Welches sind die aufregendsten Schilderungen in seinen Dichtungen? Jene, wo die werdende, seiende oder gewesene Liebe sich durch Grausamkeitsäusserungen gegen wen immer äussert.

E u r i p i d e s. „Medea" und seine „Andromache" — sind sie nicht mustergiltige Darstellungen der grössten menschlichen Leidenschaften:

Liebe und Zerstörungssucht? S o p h o k l e s „Antigone" — dreht sich in dieser Tragödie nicht Alles um diese beiden Pole?

Welche Grausamkeiten hatte nicht die auf Lug und Trug gebaute, wollüstige Besitzergreifung der Liebe, des burgundischen Königs zu Brunhilden im Gefolge: wie rächte Chriemhilde den Tod ihres geliebten Gatten und Helden!

S h a k e s p e a r e's „Titus Andronicus" ist es nicht das Trauerspiel der menschlichen Entartung und Blutrache? Ist irgend ein Greuel denkbar, das darin nicht verübt worden wäre!

R a c h e, i s t j a s ü s s!

S c h i l l e r's „Braut von Messina"; G r i l l p a r z e r s dramatisches Gedicht „das goldene Vliess"; G o e t h e s „Clavigo"; H a m e r l i n g s „Ahasver" in Rom, u. s. w., u. s. w., welch' schaudervoll grausame Handlungen zeigen uns nicht alle diese Werke, und immer nur in Verbindung mit Venus pandemos, — der personificirten Wollust.

Die Grausamkeit bei historischen Persönlichkeiten. Aber nicht nur die Phantasie der Dichter, auch die Geschichte der Sitten der Völker und Staaten geben Anhaltspunkte genug, um die Verwandtschaft der Grausamkeit mit der Wollust zu constatiren. Um einige krasse Fälle herauszugreifen sei nur auf die berüchtigte Giftmischerin M a r q u i s e M a r i a M a d e l e i n e v o n B r i n v i l l i e r s hingewiesen, welche 1676 auf dem Schaffote starb. Schön, liebenswürdig, geistreich mordete sie nur um des Mordes willen, aus höllischer Lust. Eine Blume die sie gab, einen Kuchen den sie schenkte, eine Chocolade den ihre Dienerin servirte — brachte demjenigen den Tod, den sie hierzu auserkor. Das erste Opfer der Marquise war ihr Vater; sie vergiftete ihn, während sie zu seinen Füssen sass und lachte; dann folgten ihre beiden Brüder, dann ihr eigenes Kind, weil ihr Geliebter es nicht leiden mochte. Sie besuchte als fromme Frau die Hospitäler, tröstete die Kranken mit biblischen Sprüchen, und gab ihnen Erfrischungen dabei, infolge deren Genuss sie starben: — War Madame de Brinvilliers ein Scheusal mit engelgleichem Wesen, so war die Voisin ein hässliches altes Ungeheuer, welches gleichfalls ihr Lustgefühl im Morden suchte und einen Ehrgeiz darin setzte, ihre Vorgängerin durch die Masse ihrer Mordthaten zu übertreffen.

Gewissermassen ein Pendant zu diesen beiden weiblichen Bestien bietet der französische Marschall Gilles de Laval. Er wurde wegen Schändung und Tödtung von mehr als 800 Kindern im Laufe von 8 Jahren im Jahre 1440 zum Tode durch Verbrennen verurteilt. Auf seinen Schlössern in der Bretagne, wo er zurückgezogen vom Hofe lebte, verübte er die undenkbarsten Greuelthaten an Minderjährigen beiderlei Geschlechts. Durch die Lecture von Sueton und die Beschreibungen der Orgien des Tiberius Caracalla und anderer römischer Kaiser wurde er dazu verleitet, mit Hilfe seiner Vertrauten Henriet und Ponton kleine Kinder zu sich ins Schloss zu locken und zu sodomisiren. Hierauf marterte er sie auf die mannigfaltigste Weise, tödtete sie mit eigener

Hand und fand Ergötzen an ihrem Geschrei, ihrem Röcheln, ihren Convulsionen. Die Leichen wurden verbrannt und nur wenige hübsche Kinderköpfe zum Andenken aufbewahrt.

Bekannt in der Historie ist auch die 1614 verstorbene Witwe des ungarischen Grafen Franz Nádasdy, E l i s a b e t h B á t h o r y, eine Tochter des ebenso wollüstigen als grausamen Wojwoden von Siebenbürgen Gabriel Báthory. Diese lockte mit Hilfe zweier Dienerinnen nach und nach 650 Mädchen in ihr Schloss und liess ihnen das Blut abzapfen, um sich darin behufs Verschönerung des Teints zu baden. Sie wurde zu lebenslänglicher Haft in ihrem Schloss Cséj im Neutraer Comitate verurteilt, während ihre Dienerinnen lebendig verbrannt wurden.

Aus der päpstlichen Geschichte sind besonders berüchtigt: Alexander VI., Sixtus V. und Pius V.

Soviel hinsichtlich der allgemeinen Grausamkeits-Äusserungen.

Wir beleuchten nun ausführlicher zwei besonders hervorstechende, scharf abgegrenzte Modalitäten, nämlich den Masochismus und den Sadismus.

V.
Der Masochismus.

Der von Prof. Dr. Frhr. von Krafft-Ebing als Masochismus geschilderte Zustand des Sexuallebens des Menschen ist im Grunde genommen nichts anderes als eine Uebercompensation des physischen Schmerzes durch psychische Lust. — Es ist ein perverses abnormes Fühlen des Geschlechtstriebes und hat seinen Namen von dem galizischen Schriftsteller und Novellisten Sacher-Masoch, der mit scharfem Griffel in seinen Romanen alle seine Heldinnen mit einer Reitpeitsche und mit einer jener electrisch wirkenden Pelze bekleidet zeichnet, und deren parfümirt-sinnliches Gehaben so berückend und benebelnd auf die Sinnesnerven der Männer wirkt, dass diese nur zu gern die Wünsche solcher Frauen, Befehlen gleich erachten und sich ihnen völlig unterwerfen, ja selbst Demüthigungen und empfindliche Misshandlungen in sclavischer Demuth und Geduld ertragen.

Im Masochismus sind gewissermassen die Rollen getauscht: das unterwürfige, sanfte, geduldige Weib übernimmt die Rolle des herrischen, rauhen, grausamen Mannes.

Dr. Frhr. von Schrenck-Notzing gebraucht in

seinem Werke: „Die Suggestions-Theorie" für das im Masochismus sich ausdrückende geschlechtliche Fühlen das Wort passive Algolagnie, im Gegensatze zur activen Algolagnie, dem Sadismus. Diese Algolagnie nun besteht sowol nach der passiven als auch nach der activen Richtung hin aus zwei verschiedenen Seiten eines und desselben seelischen Vorganges, nämlich in der Lust: Schmerzen zuzufügen und in der Lust solche zugefügt zu erhalten und beruht nach Krafft-Ebing im Wesentlichen in dem Bewusstsein einer activen Herrschaft bez. Unterwerfung. Das stärkste Mittel um dieses Bewusstsein auch zu einem äusseren Ausdruck zu bringen liegt nun im Zufügen und im Erdulden von grausamen Handlungen, wobei es, aber nicht immer nöthig ist, dass solche auch thatsächlich sich zeigen. Sehr häufig genügt es, solche Handlungen nur symbolisch anzudeuten, welche dann nach Binet als „Fetischismus eroticus" sich darstellen.

Es wurde schon in der Einleitung gesagt, dass ebensowenig wie die Tugend und das moralische Bewusstsein dem Menschen angeboren, ebensowenig dies auch bei diesem perversen Empfinden der Fall ist; wol aber ist die grössere oder geringere Disposition hierzu im Wege der Heredität dem Einzelnen von einem oder mehreren seiner Vorfahren überkommen.

Seine Hauptwurzel besitzt der Masochismus (nach Krafft-Ebing) in der „geschlechtlichen Hörigkeit," da auch diese als Hauptmerkmal den Character der Unfreiheit an sich trägt sowie eine solche sich z. B. in „Manon Lescault" von Prévost und in Halm's „Griseldis" zeigt. — Die Furcht, die Geliebte oder den Geliebten zu verlieren, einerseits, andererseits ihn oder sie stets froh und heiter zu sehen und besonders zum geschlechtlichen Verkehr bereit zu finden, sind die hauptsächlichen Beweggründe eines solchen — (nicht perversen) Empfindens.

Während die auf socialen Gesetzen beruhende „Hörigkeit der Frau" ihre Basis in der psychischen Liebe (Venus Urania) findet, so hat die in den Masochismus endende „gesetzliche Hörigkeit" ihre Grundlage in der physischen Liebe (Venus Pandemos) und für sie liegt der Reiz in einer selbst geschaffenen freiwillig erduldeten Tyrannei seitens des Weibes.

So sagt z. B. in Sacher-Masochs „Venus im Pelz" Wanda zu Severin „Sie sehen die Liebe und vor Allem das Weib als etwas Feindseliges an, etwas, wogegen Sie sich, wenn auch vergebens, wehren, dessen Gewalt Sie aber als eine süsse Qual, eine prickelnde Grausamkeit fühlen."

Der Masochismus äussert sich nach verschiedenen Richtungen hin und auch bei jedem Menschen anders und in verschiedenen Gradationen, aber immer in dem Bestreben dem andern Geschlechte gegenüber untergeordnet und von seiner Gnade abhängig zu sein.

Die Arten des Masochismus

Eine solcherart freiwillige und mit Misshandlungen verbundene Unterordnung unter das Weib schildert Sacher Masoch besonders in einer, dem wirklichen Treiben des Wiener High-life entnommenen Erzählung in seinen „Messalinen Wiens." Ohne eigentliches, besonders betontes Begehren nach der vollen Hingabe des von dem Helden der Erzälung angebeteten Weibes ist er überglücklich und vollauf befriedigt, wird er von dieser gleich einem Hunde mit Füssen getreten und von ihr auf den nackten Körper gepeitscht.

„Entzückende Marter und wonniges Web!
Der Schmerz wie die Lust unermesslich!
Derweilen des Mundes Kuss mich beglückt,
Verwunden die Tatzen mich grässlich."
(Heines Vorrede zur 3. Aufl.)

Einen typischen Fall dieser Art von perversem Fühlen erzählt Prof. Dr. Freih. von Krafft-Ebing in seinem Werke: „Psychopathia sexualis" der auszugsweise hier wiedergegeben werden soll.

Herr H. hatte eine lebhafte, schon sehr früh auf sexuelle Dinge gerichtete Phantasie, welche ihn auch noch vor Erreichung der Pubertät der Onanie in die Arme fallen liess, während welcher sich seine Gedanken damit beschäftigten, als sei er in der Gefangenschaft einer Frau, die ihn auf jede Art und Weise quäle und misshandle, wobei sie immer seinen nackten Körper schlug, ihn mit Füssen trat und mit Ketten band. Dabei stellte er sich diese Frau immer in Sammt oder Pelzwerk bekleidet vor. — Später, in seinem 19. Lebensjahre besuchte er ein Freudenmädchen, küsste und umarmte auch dasselbe, empfand dabei aber nicht das mindeste Wollustgefühl, au contraire, nur Ekel und Widerwillen; auch ein wiederholter Versuch misslang. Nur dann bekam er Erectionen, wenn er sich seinen vorgeschilderten Phantasien ungestört überlassen konnte. — Das bekleidete Weib interessirte ihn viel weniger als deren Kleider, besonders wenn solche aus Sammt oder Pelzwerk bestanden. Nur Frauenschuhe, besonders Stiefeletten mit hohen Absätzen konnten ihm gleiches Interesse einflössen, indem er sich dabei lebhaft vorstellt, den damit bekleideten Fuss huldigend und in Demuth zu küssen, oder von demselben missachtend getreten zu werden.

Da es sehr viele Männer in allen Ständen und Schichten des Volkes gibt, welche sich eine Befriedigung ihres wollüstigen Fühlens nur dadurch verschaffen können, dass sie sich, wenn auch nur scheinbar, dem Weibe untergeordnet fühlen und von diesem durch Beschimpfungen und sogar Misshandlungen gedemüthigt werden, so besitzen auch die Priesterinnen der Göttin Venus, besonders solche, die ihre Klientel in den besseren Kreisen suchen, auch die entsprechenden Kenntnisse und Erfahrungen, wie sie dergleichen Bewerber um ihre Gunst zu behandeln haben. Den Einen lassen sie winselnd flehen um einen Kuss von ihren unkeuschen Lippen; dem Anderen befehlen sie, auf trockenen Erbsen eine Zeitlang zu knien, ehe sie sich zu einer Umarmung herablassen, den Dritten, Vierten beschimpfen sie und geben ihm Schläge, dann erst vermögen solche Unglückliche der schaumgebornen Göttin zu opfern. Fälle dieser Art berichten in ihren bezüglichen Werken Dr. Moll, Krafft-Ebing, Mantegazza u. A. Einen besonders krassen Fall eines solchen Masochismus erzählt Tarnowsky, von einem in seiner Behandlung gewesenen Patienten.

Derselbe verheiratet und Vater mehrerer Kinder liess durch eine Mittelsperson eine Wohnung miethen und dieselbe von drei Mädchen bewohnen. Sobald er nun daselbst auf Besuch erschien, mussten diese ihn trotz seines anscheinenden Widerstandes entkleiden, masturbiren und auch mit einer silbernen Ruthe geisseln. Bat er dann um Gnade, so bekam er ein Essen vorgesetzt, er durfte auch eine Weile schlafen, erhielt aber Schläge, wollte er sich nicht fügen. Nach einigen Tagen wurde er dann wieder entlassen und kehrte zu seiner Familie zurück, die in Unkenntniss seines Zustandes blieb.

Die Flagellation stellt sich als eine Reizung der Nerven an der Gesässgegend oder auch am Penis selbst dar, erzeugt durch Ruthenstreiche oder Schläge mit einer feingeflochtenen Geissel u. hat im Allgemeinen den Zweck, das erschlaffte System der Wollustnerven zum Coitus zu beleben. Die Flagellation war schon im hohen Altertume bekannt und besonders bei den Festen zu Ehren des Gottes Priapus im Schwang. Diese Art Geisselung ist aber streng zu scheiden vom Masochismus. Der vorerwähnte von Tarnowsky berichtete Fall zeigt so recht deutlich das Characteristicum dieser masochistischen Geisselungsart. Und auch Rousseau war von einer solchen Manie behaftet, wie er selbst (in seinen „Bekenntnissen") eingesteht: „Knien zu dürfen zu den Füssen einer herrischen Gebieterin, gehorchend ihren Befehlen und auf inständiges Bitten Verzeihung erlangend, waren für mich die süssesten Freuden." — und wie dies noch deutlicher aus dem Lustgefühle hervorgeht, welches er empfand, als ihn Fräulein Lambercier mit Ruthenstreichen züchtigte.

Bei dieser Form des perversen Sexualempfindens muss man sich aber immer vor Augen halten, dass nicht das physische Empfinden der Schläge das Wollustgefühl erregt, sondern die

Vorstellung, die Phantasie, also das psychische Empfinden; in der Gewalt des Weibes und ihr willen- und machtlos preisgegeben zu sein.

Krafft-Ebing in seinem schon mehrfach erwähnten Werke bringt diesbezüglich eine sehr interessante Beobachtung. Sie möge gekürzt auch hier Platz finden:

Der 35-jährige, hochgebildete und sehr ästhetisch veranlagte Erzähler derselben schwelgte schon in seiner früheren Kindheit gern in Vorstellungen, welche die absolute Herrschaft eines Menschen über den andern zum Inhalt hatten. Der Gedanke an die Sklaverei hatte für ihn stets etwas höchst Aufregendes. Der Gedanke, dass ein Mensch den anderen besitzen, verkaufen, prügeln dürfe regte ihn stets so auf, dass er, z. B. bei der Lektüre von „Onkel Tom's Hütte", Erectionen bekam, besonders entzündete ihn die Vorstellung dass ein Mensch vor einen Wagen gespannt sei und dieser von einem anderen mit einer Peitsche gelenkt und durch Schläge angetrieben werde. Von seinem 20-ten Jahre an objectivirten sich seine Vorstellungen dahin, dass die „Herrin" eine über 40 Jahre alte, grosse und starke Person und er derselben nach jeder Richtung hin sclavisch unterthänig sein musste. Sie benützte ihn geschlechtlich je nach ihrer Laune, sie spannte ihn vor ihren Wagen, ihr musste er, gleich einem Hunde folgen, sich nackt zu ihren Füssen legen und widerstandslos sich auch von ihr treten und schlagen lassen. Bei diesen Vorstellungen genoss er grosses Behagen und hatte auch Erectionen; sein Libido befriedigte er dann bei einer seinem Ideale möglichst ähnlichen Puella. — Solche Vorstellungen hatte er stets alle 14 Tage, 3 Wochen, wobei aber Darstellungen von solcherart geschaffenen Comödien durch Dirnen ihm lächerlich und auch zwecklos erschienen, weil von ihm bezalte Dirnen doch niemals auch „grausame Herrinnen" sein konnten und er von einer solchen Person sich auch nicht gefallen liesse mit „Du" angesprochen zu werden, während er das „Sie" gebrauchen musste, was ihm bei seinen Vorstellungen als Bedingung galt.

Wie früher bemerkt, ist dem Masochisten das Geisseln, die Flagellation nur Beiwerk; die Hauptsache ist eben die Vorstellung, in der Gewalt des Weibes sich zu befinden, d. h. also, dass der Masochist sich vis-à-vis seinem Ideale, in der Stellung eines Hundes oder Pferdes dem Menschen gegenüber sich befindet.

Einen sehr markanten Fall von Masochismus ähnlich dem, welchen Zola in „Nana" schilderte, wurde dem Verfasser von einer, in den 70-er Jahren seitens der Wiener Aristokratie sehr favorisirten Courtisane erzält.

„Unter meine vielen Souteneurs zählte ich auch den Grafen X., den ich monatlich ein- oder zweimal zu besuchen pflegte. Kam ich, so entkleidete er sich völlig, stützte sich mit seinen Händen auf ein ziemlich hohes mit Räderchen versehenes Tabouret und ich musste dann einen eigens von ihm construirten Sattel auf seinen Rücken und in seinen Mund einen Zügel legen, worauf ich mich dann auf ihn — angethan mit einem stark parfümirten Negligée, mit silbernen Sporen an den Füssen — in einen männerartigen Reitsitz schwingen musste. In der Hand hatte ich eine sehr dünne Reitgerte. So ausgestattet musste ich auf ihm ein- bis zweimal um das Zimmer reiten, ihn zeitweise mit den Sporen kitzeln und mit der Gerte einen ziemlich scharfen Hieb versetzen.

Schon vor der zweiten Umkreisung des Zimmers ejaculirte er in der Regel ziemlich stark, worauf er 15—20 Minuten ausruhte und eine ausgiebige Stärkung zu sich nahm, um sich dann von Neuem von mir reiten zu lassen. Sobald er sich „stutzig" zeigte, lag es mir ob, an dem Zügel zu reissen, ihn auch schärfer zu spornen und mit der Gerte zu hauen, so dass manchmal seine

Oberschenkel blutig geritzt und der Rücken Striemen zeigte, was ihn zu einer Art Wiehern veranlasste. Im Uebrigen hatte er von mir gar Nichts verlangt,"

Nach Dr. Krafft-Ebings Erfahrungen äussert sich jedoch der Masochismus nicht immer auch in realen Handlungen. Sehr oft genügen ihm blosse Symbolika, wie dies aus zwei von Dr. Pascal beobachteten und von ihm in seiner „Hygiene der Liebe" veröffentlichten Fällen ersichtlich ist.

Der Masochismus begnügt sich oft nur mit der blossen Symbolik.

In dem einen begab sich ein Herr in Paris an bestimmten Abenden in die Wohnung seiner femme entretenue. Er erschien stets bei ihr in Salon-Toilette und wurde von ihr auch in Ball-Toilette mit dem Air einer vornehmen Dame empfangen. Er redete sie als „Frau Marquise" an und wurde von ihr als „Vicomte" betitelt. Darauf sprach er von dem unverhofften Glück, sie allein zu finden, erklärte ihr seine Liebe und bat um Gewährung einer Schäferstunde. — Die Dame musste nun die Beleidigte spielen, er wurde kühner und will sie partout wenigstens auf die Schulter küssen. Sie zieht die Klingel, ein eigens für diesen Zweck gemietheter Diener erscheint und führt den „Grafen" bis zur Thür.

Alle Vierteljahre erschien bei einer Priester in der Venus Vulgivaga ein etwa 45 Jahre alter Herr u. zahlte ihr 10 Francs für folgenden Vorgang: Das Mädchen musste ihn völlig ausziehen, ihm Hände und Füsse knebeln, die Augen verbinden und dazu noch die Fenster verdunkeln. Hierauf führte sie den Gast auf ein Sopha und liess ihn in diesem hilflosen Zustande eine halbe Stunde allein.

Nach Ablauf dieser Zeit löste sie seine Bande, worauf er höchst befriedigt von dannen ging.

Wenn auch die Schöpfung, welche das Weib aus weicherem Thone formte und mit Milde und Zartheit ausstattete, demselben schon ab ovo eine unterwürfige Rolle zuwies, so gibt es doch auch

Frauen, die sich freiwillig aller angestammten Rechte entäussern, indem sie sich dem Manne ihrer Wahl sclavisch unterordnen und sogar von ihm misshandeln lassen.

In solcher Schroffheit wie beim Manne kann der Masochismus beim Weibe eben deshalb nie auftreten, weil es im geschlechtlichen Leben den passiven Theil bildet. Dass er aber trotzdem vorhanden, dafür stehen uns hinlängliche Belege zu Gebote.

So lässt Wildbrandt seine Messalina, in „Arria und Messalina" sagen.

„Hier lieg' ich, Markus! Markus, dir zu Füssen —
Die Kaiserin. So heb' die Hand und schlage
Und strafe deine kaiserliche Sklavin
Um das, wovor Dir graut. Doch liebe mich."

So tief ist das Leid mit dem Wesen der Liebe verknüpft, dass nur zu oft das liebende Weib zur Dulderin wird, die sich nur in ihrer Demuth glücklich fühlt. Desdemona sagt von Othello: „Ich lieb' ihn so in Allem, dass seine Schroffheit selbst, sein Droh'n und Schelten mir reizend scheint."

Auch von der Semiramis des Nordens, der Kaiserin Katharina II. erzählt die Geschichte, dass sie sich von Potemkin mit der Peitsche misshandeln liess. Die Kaiserin von einem Unterthan, dessen Kopf nur mit ihrer Erlaubniss am Rumpfe sass!

Ueberhaupt glauben die slavischen Frauen, besonders die Russinnen sich nur dann von ihrem

Manne geliebt, wenn sie von ihm auch zeitweise Schläge erhalten.

In „Amor und Psyche" von Hamerling sieht sich Psyche im Traume an den Pflug gespannt, an eine Säule gebunden und von ihrem Geliebten gepeitscht.

Es mag zuweilen der Fall eintreten, dass eine Frau stolz darauf ist, ihren Mann zu beherrschen, aber niemals wird sie auf einen solchen Mann stolz sein. Und ganz richtig sagt daher in „Kabale und Liebe" Lady Milford zu ihrer Kammerjungfer. „Wir Frauen können nur zwischen Herrschen und Dienen wählen, aber die höchste Gewalt ist doch nur ein elender Behelf, wenn uns die grosse Wonne versagt wird, Sclavinnen eines Mannes zu sein, den wir lieben."

VI.
Der Sadismus.

Das vollkommenste Gegenstück zur passiven Algolagnie, dem Masochismus bildet der sogenannte Sadismus, oder die active Algolagnie. — Wenn jener Schmerz und Grausamkeiten erdulden will, so will dieser solche zufügen. Dem Sadisten, sind die Grausamkeitsacte noch Wonnen!

Der Sadismus besitzt die Eigenthümlichkeit, dass bei ihm die krassesten Gegensätze des menschlichen Daseins, die Z e u g u n g s l u s t und M o r d l u s t vereint und im causalen Zusammenhange auftreten. — Les extrêmes se touchent.

Aus einem gleichartigen Blutrausch entsteht hier Leben, dort der Tod.

„Im Verkehr der Geschlechter kommt dem Manne die active, selbst aggressive Rolle zu, während das Weib passiv, defensiv sich verhält.*) Dem Manne gewährt es einen grossen Reiz, das Weib sich zu erobern, zu besiegen. Unter normalen Verhältnissen sieht sich also der Mann einem Widerstande gegenüber, zu dessen Ueberwindung ihm die Natur den aggressiven Character verliehen hat. Dieser aggressive Character kann nun unter pathologischen Bedingungen gleichfalls in's Masslose, Monströse wachsen, zu einem Drange werden, sich den Gegenstand seiner Begierden schrankenlos zu unterwerfen, bis zur Vernichtung, Tödtung des im übrigen oft geliebten Wesens."

„Die Eroberung des Weibes findet heutzutage in der civilen Form der Courmacherei, Verführung, List etc. statt. Aus der Culturgeschichte und Anthropologie wissen wir aber, dass es Zeiten gab, und noch Völker gibt, in welchen die brutale Gewalt, der Raub, selbst die Wehrlosmachung des Weibes durch Keulenschläge die Liebeswerbung ersetzte. Es ist möglich, das atavistische Rückschläge in derartige Neigungen zu „Ausbrüchen des Sadismus beitragen" (Krafft-Ebing).

Diese pathologische Steigerung von Begleiterscheinungen des Geschlechtslebens in's Unmenschliche bezeichnet die französische Litteratur als Sadismus, so benannt nach dem Marquis de

---

*) „Auch bei den Thieren ist es regelmässig das Männchen, welches das Weibchen mit Liebesanträgen verfolgt. Verstellte oder ernstliche Flucht des Weibchens ist nicht selten zu betrachten, dann kommt es zu einem ähnlichen Kampf wie zwischen Raubthier und Beutethier."

Sade (1740—1814) Verfasser von „Justine und Juliette."

Biographie des Marquis de Sade

Der französische Romanschriftsteller Jules Janin schreibt in einem Werkchen über den Marquis de Sade. — „Soll ich Ihnen die Bücher de Sade's analysiren? Blutige Leichname, den Armen ihrer Mütter entrissene Kinder, junge Frauen, die man zum Schluss einer Orgie erwürgt; Pokale angefüllt mit Blut und Wein, unerhörte Folterungen. Man heizt Siedekessel, richtet Folterbänke her, man zieht Menschen bei lebendigem Leibe die Haut ab; man schreit, man flucht, man beisst sich untereinander, man reisst einander das Herz aus dem Leibe: und das ohne Aufhören, zehn Bände hindurch und auf jeder Seite, in jeder Zeile, immer und immer!"

„Oh! welch unermüdliche Verruchtheit! In seinem ersten Buche (Justine) zeigt er uns ein unglückliches auf's Äusserste getriebenes Mädchen, verloren, verdorben, mit Schlägen überhäuft; von Ungeheuern in Menschengestalt von einem unterirdischen Gewölbe in's andere, von einem Kirchhofe zum anderen geschleppt, zerschlagen, auf den Tod abgehetzt, geschändet, zerschmettert .... und nachdem der Verfasser alle Verbrechen erschöpft hat, wenn es keine Blutschande, keine Ungeheuerlichkeit weiter zu begehen gibt, wenn er ermattet und röchelnd auf die Leichname niedersinkt, die er erdolcht und geschändet hat, wenn keine Kirche mehr vorhanden, die er nicht entweiht, kein Kind, das er nicht seiner Wuth geopfert, kein moralischer Gedanke, den er nicht mit dem Kothe seiner unfläthigen Ideen und Worte besudelt hätte, dann hält dieser Mensch endlich ein, betrachtet sich und lächelt selbstgefällig. Kaum aber hat er diesen Roman fertig, als sich der Verfasser sagt, dass er eigentlich weit hinter dem zurückgeblieben ist, was er hätte leisten können. Er setzt sich hin und schreibt „Juliette."

„Justine und Juliette" — diese seine zwei Hauptromane enthalten eigentlich nur seine Selbstbiographie. Die darin geschilderten, teuflisch erklügelten Variationen seiner Wollust-Gelage fanden in den unterirdischen Kammern eines Hauses statt das er vollständig hierzu hatte einrichten lassen.

Ein Pariser Bibliophile besitzt den Plan eines vom Marquis projectirten Bordells, in welchem die genaue Vertheilung aller Räume eingezeichnet ist: Der Vorplatz, die Zimmer der Mädchen, die Folterkammern (jede ist einer bestimmten Peinigungsart gewidmet); selbst der Friedhof ist nicht vergessen, wo die Leichen der Opfer, die bei den Orgien ihren Tod fanden, eingescharrt werden sollen. Geheime Thüren sind in den Mauern angebracht, um das heimliche Hinein- und Herausgehen zu erleichtern; ja, der Autor hat sogar den Speisezettel eines „Aufregenden Diners" nicht vergessen.

Was er nun schrieb, war nicht nur das Produkt seiner Einbildungskraft, sondern es waren Auftritte, denen er selbst beigewohnt, ja deren eifrigster Veranstalter er gewesen.

So z. B. wurde er schon im zweiten Jahre

seiner Ehe mit der ebenso sanften als liebenswürdigen und schönen Tochter des Präsidenten de Montreuil, durch folgendes, ebenso grausame wie unzüchtige Ereigniss zum Tagesgespräch.

Er beauftragte seinen Kammerdiener am 3. April 1768, ihm in sein Absteigequartier zu Arcueil zwei Freudenmädchen zu bringen. Er selbst hatte am gleichen Tage auf dem place des Victoires eine gewisse Rosa Keller, die Wittwe eines Pastetenbäckers angetroffen, die er sich gleichfalls nach dorthin einlud. Nachdem er ihr das ganze Haus gezeigt hatte, führte er sie schliesslich auf den Speicher, schloss sich dort mit ihr ein und zwang sie, mit vorgehaltener Pistole, sich vollständig zu entkleiden. Er band ihr dann die Hände auf den Rücken und geisselte sie bis ihr das Blut floss. Als sie über und über mit Blut bedeckt war, zog er ein Töpfchen Salbe aus der Tasche, verband ihre Wunden und liess sie so liegen. Er selbst verbrachte dann die Nacht mit den beiden Dirnen in den tollsten Orgien. Des anderen Tags gelang es der Keller zu entkommen, indem sie aus einer Luke des Speichers herabsprang. Der Marquis wurde verhaftet, vor Gericht gestellt, und gegen eine Entschädigung von hundert Louisd'or an Rosa Keller auf Befehl Ludwigs XV. nach sechswöchentlicher Haft freigelassen.

Ein andermal gab er jungen Bauernburschen auf einem seiner Güter ein Fest. Diese brachten ihre Geliebten mit, und er führte sie in einen grossen Saal. Als das Fest recht im Gange war, liess er plötzlich alle Lichter verlöschen. In den Wein liess er berauschende und aufregende Mittel mischen; dazu war der Fussboden spiegelglatt, so dass die Tänzer kunterbunt durcheinander hinpurzelten. Viele Mädchen wurden so vergewaltigt, dass sie hinweggetragen werden mussten.

Dr. Paul Morceau erzählt in seinem Werke: „Von den Verirrungen des Geschlechtstriebes von einem von de Sade in Marseille veranstaltetem Balle, bei welchem er Cantharidén-Extrakt in die zum Nachtisch servirte Vanille-Chocolade mischen liess. Plötzlich entbrannten Herren wie Damen in wahrhaft mänadischer Wuth zu einander.

Der Canthariden-Extract erzeugte eine derartige Brunst bei sämmtlichen Gästen, dass sie weder Scham noch Zurückhaltung mehr kannten und sich gegenseitig wie wüthende Thiere anfielen, so dass fünf Personen an den Folgen dieser Orgie starben.

Indessen war die Triebfeder des Marquis nicht die Selbstsucht. Er handelte nicht allein für sich, sondern wünschte, dass auch Andere ebenso geniessen sollten, wie er selbst. Der Ruf seiner Schandthaten drang bis zu den Ohren Ludwig's XV. welcher ihn an seinen Hof zog und zu seinem „maitre de plaisir" ernannte.

In dieser Eigenschaft organisirte er die Orgien des von der „Pompadour in's Leben gerufenen „H i r s c h p a r k". Der Hirschpark war die Pflanzschule des Lasters für die Prinzen aus dem Hause Bourbon. Wehe dem Knaben oder Mädchen, das einem der Wüstlinge des französischen Hofes in die Augen stach. Die Unschuld der Kinder, die

Hirschpark

zuweilen selbst wilde Thiere zu rühren im Stande ist, war in den Augen dieser verhärteten und durch Sittenlosigkeit und Ausschweifungen jeder Art abgestumpften Menschen nicht nur ganz machtlos, sondern sie erhöhte nur noch ihre Lust an den moralischen und physischen Qualen ihrer Opfer.

Die cynischen Sophismen, von denen Sadé's Bücher wimmeln, sind vielfach mit solch' philosophischer Schärfe verfochten, dass der Leser irre wird und sie für Wahrheiten halten könnte. So behauptet de Sade unter anderen, dass es Menschen gäbe, bei denen gerade die furchtbaren Schmerzen der Folter Wollustgefühle hervorriefen und bezieht sich hierbei auf — die Geschichte der christlichen Märtyrer.

Er behauptet, dass sie nicht aus religiöser Begeisterung ihrer Peiniger spotteten, sondern, weil der Schmerz ein solch rasendes Nervenprickeln erzeugt, dass er zuletzt zur Wonne wird.

Wenn man Sade zum Richtplatz geführt hätte, so würde er noch immer an nichts anderes gedacht haben, als an Sinneslust.

Dabei war dieser unselige Mensch, den man überraschte, wie er ein Weib bei lebendigem Leibe seciren wollte, der allwöchentlich einer Unglücklichen, die gerade seine Geliebte war, Blut abzapfte, von einem überraschend anziehenden Äussern, von einer herzgewinnenden Anmuth in Sprache und Bewegung. Mehrmals gefänglich für seine Unthaten eingezogen, gelang es ihm wiederholt mit Hilfe seiner Gattin, seine Freiheit zu erringen, bis er

1784 in die Bastille gebracht wurde, wo er, ausser den schon erwähnten zwei Romanen mehrere Theaterstücke verfasste. In Folge des Bastillensturmes erhielt er seine Freiheit wieder. Nachdem es ihm geglückt war, sich nach den Ereignissen des zehnten August 1792 zum Sekretär der „Volksthümlichen Gesellschaft, Section der Pikenmänner" ernennen zu lassen, rettete er mehrere Personen, u. A. auch seine Schwiegereltern vor der Guillotine, bis er im December 1793 auf Befehl des Wohlfahrts-Ausschusses verhaftet, jedoch im October des darauffolgenden Jahres wieder in Freiheit gesetzt wurde.

Seine beiden Hauptromane widmete er später Napoleon, der sie jedoch ungelesen ins Feuer warf. Im Jahre 1803 als unheilbarer Narr nach dem Irrenhause zu Charenton überführt starb er daselbst 1814.

Das Monstrum de Sade wird für alle Zeiten als einziger Typus einer unbegreiflichen Sinnesart, der „Erotomanie" in seiner schrecklichsten Gestalt dastehen. Alles, was nur die wahnwitzigste Phantasie Ungeheuerliches erdenken kann, hat er geschrieben, indem er noch die epochale Keckheit beging, das Laster und das Verbrechen durch tausendfach bewiesene Lehrsätze auch philosophisch zu vertiefen und zu sanctioniren.

Als extremste Erscheinungsform des Sadismus tritt uns der sogenannte Lustmord entgegen, d. h. der Mord nicht als Folge von Rache, Blutgier oder Raublust, sondern als Befriedigung excessiver Wollustgefühle.

Prof. Gustav Jäger erklärt denselben daraus, dass der sogen. „Angstduft" des Opfers wollüstig erregend, als „Luststoff" wirkt. Das Object des Mordlustigen entbindet einen so überwältigend kräftigen Seelenstoff, dass sowohl er, wie sein Opfer demselben unterliegen. Dr. B. Placzek aus Brünn liefert hierzu folgenden analogen Ausspruch:

„Sollte der bei gehetzten Thieren als „Wildgoût" auftretende Angststoff nicht etwa den eigentlichen Erklärungsgrund abgeben für das Spielen der Katze mit der Maus?! Die Katze will die Beute geschmackvoller haben, desshalb hetzt sie dieselbe erst tüchtig ab, bevor sie ihr den Genickfang gibt. Darum tragen wohl Raubthiere, besonders Tiger die Beute weite Strecken lebendig fort, obgleich sie durch deren krampfhaft zuckende Bewegungen im Laufe behindert werden und dem Leben des Opfers durch einen Tatzenschlag, durch einen tieferen Biss ein jähes Ende machen könnten. Sie wollen eben durch die längere Procedur den „Angststoff", seines Wohlgeschmackes wegen frei werden lassen. In gleicher Absicht wol „verknuspert" der schreckliche Ursus labiatus, der ostindische Rüsselbär seine in entsetzlichen Qualen sich windende Beute stückweise, Glied um Glied, kauend und saugend, ohne das gemarterte Opfer zuvor mit einem Hiebe zu tödten — er will nicht die Würze des Angststoffes bei seinem Mahle entbehren. Jäger frägt sich nun: „sollte die Grausamkeit beim Menschen nicht auf derselben Grundlage beruhen wie bei dem Thier, nämlich auf einer, solchen Beschaffenheit seines Selbstseelenstoffes dass der Angststoff seiner Opfer ihm sympathisch ist? Dieser Verdacht liegt um so näher, als ja viele Personen am Fleisch den Wildgoût lieben."

Bezüglich der Lustmorde bringt Krafft-Ebing in „Psychopathia sexualis" einige besonders markante Fälle. So unter anderen auch einen von Feuerbach in dessen „Darstellung merkwürdiger Verbrechen", in welchem der Mörder über eines seiner Opfer sich folgendermassen äusserte:

„Ich habe ihr die Brust geöffnet und mit einem Messer die fleischigen Theile des Körpers durchschnitten. Darauf habe ich mir diese Person wie der Metzger das Vieh zugerichtet und den Körper mit dem Beil von einander gehackt, so wie ich ihn für das Loch brauchen konnte, das ich zum Einscharren auf dem Berg gemacht hatte. Ich kann sagen, dass ich während des Oeffnens so gierig war, dass ich zitterte und mir ein Stück wollte herausgeschnitten und gegessen haben."

Auch Lombroso im „Geschlechtstrieb und Verbrechen" erzählt, wie ein Lustmörder nach gepflogenem Coitus seine Opfer erwürgte und dann cynisch meinte: „Die Weiber habe ich lieb, aber es macht mir Spass, sie zu erwürgen, nachdem ich sie genossen."

In neuester Zeit kommen Fälle von Lustmord in Deutschland hauptsächlich in Westphalen und den Rheinlanden vor. Wir erinnern u. A. an eine Notiz im Berliner Tageblatt vom 10. August vorigen Jahres:

Solingen. Ein Lustmord ist in der Umgebung unserer Stadt vorgestern an einem sechsjährigen Kinde verübt worden. Eine Anzahl von Schulkindern befand sich kurz nach Schluss der Meigener Schule gegen halb 12 Uhr Mittags auf dem Nachhausewege; spielend und lachend verfolgten sie den von Meigen nach Städtgesmühle führenden Fahrweg. Plötzlich stürzte aus dem Gebüsch ein Mann hervor, ergriff die etwas vorausgegangene sechsjährige Clara Schürmann, das einzige Töchterchen eines Werkmeisters von der Papiermühle, und schleppte sie mit sich ins Gebüsch. Wie ein Schwarm aufgescheuchter Tauben stob die Kinderschaar erschreckt nach allen Seiten auseinander, und in ihre Angstrufe mischte sich das Hilfegeschrei des armen Wesens, das sich in den Klauen des Unholdes befand. Als in der Nähe wohnende Leute in das Gebüsch eindrangen, hatte der Verbrecher seine Blutarbeit schon gethan; man fand das kleine Mädchen aus einer klaffenden Halswunde und aus einer tiefen Wunde im Unterleibe blutend, in den letzten Zügen. Man brachte es zunächst in die 50 Schritte vom Thatorte entfernte Städtgesmühle, wohin man auch die Eltern der Kleinen rief, und hier soll das arme Kind dann auf dem Schoosse seiner in Schmerz aufgelösten Mutter gestorben sein.

Eine ähnliche Blutthat im Juli 1893 von dem 18 Jahre alten Knechte Gregoritsch in einem Dorfe bei Graz (Steiermark) an dem sechsjährigen Töchterchen seines Gutsherrn verübt, wird noch Vielen in der Erinnerung sein.

Das sind aber noch die einfachsten Formen des Lustmordes. Sehr oft verbinden sich damit weitere Akte von Brutalität; wie Zerstückelung des lebenden Körpers, wollüstiges Wühlen in den Eingeweiden, ja sogar die Anthropophagie wie dies aus nachstehenden den Gerichtsannalen entlehnten Greuelthaten hervorgeht. In die Reihe dieser Monstra gehört auch Jack the Ripper, auf welchen die Polizei immer noch vergeblich fahndet. Das regelmässige Fehlen gewisser Geschlechtsparthien bei den zehn Opfern dieses modernen Blaubartes spricht für die Annahme, dass er im Kanni-

balismus noch weitergehende Befriedigung sucht.
Am 15. April 1880 verschwand in Paris ein vierjähriges Mädchen aus der Wohnung seiner Eltern. Als man Tags darauf Menesclou, einen der Miether des Hauses verhaftete, fand man in dessen Taschen die Vorderarme des Kindes, im Ofen den Kopf und die Eingeweide, beide bereits halbverkohlt. Die Genitalien blieben unauffindbar. Es wurde constatirt, dass er das Kind zuerst geschändet und dann ermordet hatte. Er wurde von dem Assisenhofe in Paris zum Tode verurtheilt.

Ein anderer Fall.

Ein über 50 Jahre alter Pfründner in Prag stand ebenfalls eines Lustmordes angeklagt vor Gericht, und wurde überwiesen, Theile der Brust und der Genitalien seines nach erfolgter Schändung ermordeten Opfers sich gebraten und verzehrt zu haben, und man fand noch Reste dieses greulichen Mahles bei seiner Verhaftung vor.

Einen sehr interessanten Fall von Lustmord ohne vorangegangenen Coitus bringt Lombroso:

Im Jahre 1872 stand in Rom ein gewisser Verzeni vor Gericht, angeklagt mehrerer Lustmorde und antropophagischen Handlungen. Nach seinem Eingeständnisse verschaffte ihm die Begehung de selben stets ein unbeschreiblich wollüstiges Gefühl. Schon wenn er seine Opfer nur am Halse berührte, stellten sich Erectionen ein. Es war ihm dabei ganz gleichgiltig, ob die Frauen jung oder alt, hässlich oder schön waren. Falls ihn schon das einfache Erdrosseln befriedigte, liess er seine Opfer am Leben: wenn nicht, so würgte er sie so lange, bis sie todt waren. Seine Befriedigung bei diesen Garottirungen war immer grösser als bei Onanirungen. Die bei dem einen seiner Opfer vorgefundenen Hautschürfungen entstanden, als er mit grossem Genusse der Leiche Blut aussaugte. Das dem rechten Fusse abgerissene Wadenstück habe er ausgesogen und dann mitgenommen, um es daheim zu rösten und es unter einem Strohhaufen verborgen, aus Furcht, dass seine Mutter hinter seine Streiche käme. Auch die Kleider und Eingeweide habe er ein Stück weit mitgenommen, um sich an dem Beriechen und Betasten derselben zu ergötzen. Nie sei es ihm in den Sinn gekommen, die Geschlechtstheile der von ihm erdrosselten Frauen zu berühren, oder die Opfer zu stupriren, es habe ihm genügt, sie zu erwürgen und ihr Blut zu saugen.

Nach seiner Verurtheilung zu lebenslänglichem Kerker machte er noch folgende Geständnisse: „Ich hatte einen unsäglichen Genuss, wenn ich Weiber würgte, und empfand dabei Erectionen. Es war mir schon ein Genuss, nur die weiblichen Kleider zu beriechen. Es gewährte mir auch grosse Befriedigung, den Ermordeten die Haarnadeln aus dem Haar zu ziehen."

Nekrophilie.
An die grauenvolle Gruppe der Lustmörder reihen sich naturgemäss die Leichenschänder (Nekrophilisten) an.

Bei dieser conträren Sexualempfindung findet die zügellose Begierde selbst in dem kalten Kadaver kein Hinderniss, wie z. B in dem von Krafft-Ebing mitgetheilten Falle, wo ein 23 Jahre alter Mann an einer 53jährigen Frau einen Nothzuchtsversuch machte, die sich Sträubende tödtete, dann geschlechtlich benutzte, hierauf in's Wasser warf, wieder herausfischte, um sie von Neuem zu stupriren. Der Mörder wurde hingerichtet. Die Meningen des Stirnhirns fand man verdickt und mit der Hirnrinde verwachsen.

Mag in diesem Falle der Mord erst durch Sträuben der Frau hervorgerufen worden sein, so kommt in einem anderen von De Boismont mitgetheilten Falle das Lustgefühl an einer bereits vorhandenen Leiche zum Ausbruch.

Ein aus vornehmem Hause stammender junger Mann, der schon öfter die Leichen junger Frauen geschändet hatte, schlich sich zur Leiche eines 16jährigen Mädchens ein. Nachts hörte man im Todtenzimmer ein Geräusch, wie wenn ein Stück Möbel umfalle, die Mutter des verstorbenen Mädchens gieng in das Zimmer und bemerkte einen Menschen, der im Nachthemd vom Bett der Todten herabsprang. Man meinte zuerst, man habe es mit einem Diebe zu thun, erkannte aber bald den wahren Thatbestand.

Aehnlich diesem ist auch der Fall eines hohen Pariser Geistlichen, der zeitweise in einem Lupanar erschien und daselbst ein Mädchen zu bewegen wusste, sich als Leiche, weiss geschminkt auf ein Paradebett in einem zum Trauergemache hergerichteten Zimmer zu legen, und so, eine Todte vorstellend den Coitus zu gestatten.

Weniger für das Gemeinwohl gefährlich sind diejenigen Sadisten, die schon eine Befriedigung ihres Lustgefühles verspüren, sobald sie nur Blut fliessen sehen, oder ihr Opfer misshandeln dürfen.

Einfache Misshandlungen

Bei Vielen tritt überhaupt die Ausübung eines sadistischen Actes an die Stelle des Coitus. — So citirt Dr. Krafft-Ebing folgendes:

1829 kam H., 30 Jahre alt, Soldat, in gerichtliche Untersuchung. Er hatte zu verschiedenen Zeiten und an verschiedenen Orten mit einem Messer Mädchen mit Stichen in den Unterleib, am liebsten in die Schamgegend verwundet und motivirte dies mit seinem Geschlechtstrieb, der nur in dem Gedanken und der Handlung des Stechens von weiblichen Personen Befriedigung findet. Dieser Drang habe ihn oft tagelang verfolgt. Er sei dann in einen ganz verwirrten Seelenzustand gerathen, der sich erst wieder löste, wenn diesem Drang durch die That entsprochen war. Im Moment des Stechens habe er die Befriedigung des vollbrachten Beischlafes gehabt, und diese Befriedigung sei gesteigert worden durch den Anblick des Blutes, das am Messer herunterlief.

Ebenso wie beim Masochismus die Demüthigung des Mannes vor dem Weibe häufig in der Weise stattfindet, dass Ersterer sich mit deren Excrementen besudelt, dieselben wohl auch verzehrt, so zeigt sich auch beim Sadismus oft der Trieb, die Frau mit ekelhaften oder nur beschmutzenden Stoffen zu beschmieren, Urin auf ihren Körper und in ihren Mund fliessen zu lassen etc.

Einen sehr markanten Beweis führt Dr. Pascal in seiner „Hygiene der Liebe" auf.

Die einzigen Beziehungen eines jungen Mannes zu seiner Geliebten bestanden darin, dass sie sich mit Kohle oder Russ die Hände von ihm schwärzen liess, dann musste sie sich vor einen Spiegel setzen, so dass er ihre Hände in diesem sehen konnte. Während einer oft längeren Conversation mit der Geliebten, schaute er unverwandt nach dem Spiegelbild ihrer Hände und empfahl sich dann nach einiger Zeit sehr befriedigt.

Grausamkeit an Thieren

Auch Thieren gegenüber kann man sadistische Anwandlungen beobachten, oft genügt die blosse Anwesenheit bei grausamen Handlungen zur Erzielung von Ejaculationen.

Mantegazza erzählt in seinen „Studien über die Geschlechtsverhältnisse" es sei in China sehr gebräuchlich, dass entartete Lüstlinge oder pervers fühlende Männer, Gänsen den Kopf abschneiden, um durch das rinnende Blut und durch den Anblick der Todeszuckungen des Thieres Erectionen und Ejaculationen hervorzubringen. Derselbe berichtet auch von einem Manne, der einmal zusah, wie man ein Huhn abschlachtete, und seit dieser Zeit sein Wollustgefühl nur dann zu befriedigen vermochte, wenn er die Gedärme und die vom Blute noch dampfenden Eingeweide von Thieren durchwühlen konnte. Ein dem obigen analoges Vorkommniss berichtet Dr. Pascal:

Ein Herr erschien bei Prostituirten, liess von ihnen lebendes Geflügel oder ein Kaninchen kaufen und verlangte, dass sie das Thier marterten. Er hatte es besonders abgesehen auf Köpfen, Augenausreissen und Ausreissen der Eingeweide.

Ausserdem beanspruchte er absolut nichts von den Mädchen.

Wenn auch beim Weibe schon vermöge dessen grösserer Zartheit und Gemüthstiefe der Grausamkeitszug weniger häufig auftritt, so kömmt doch auch bei ihm die blutdürstige Brunst hie und da zum Ausbruch. Blättert man in der Geschichte, so wird man oft genug auf weibliche Neronen stossen, die an Grausamkeit den Männern nicht nachstanden.

Der Sadismus beim Weibe.

Will man von der Iliade, der Odyssee, dem Nibelungenliede und ähnlichen Sagen, wie auch von den ersten Perioden der Völkergeschichte absehen, so bleiben immer noch eine Unzahl durch Grausamkeit berüchtigte Frauengestalten übrig, u. A. Catharina von Medici, die geistige Urheberin der Bartholomäusnacht; Elisabeth von England, die nicht nur Maria Stuart, sondern auch ihren Liebhaber, Lord Essex köpfen liess; Elisabeth von Russland, die Semiramis des Nordens, Katharina II. u. s. w.

Dass das Blut in der That ein ganz besonderer Saft sein muss, und die Grausamkeit, die eben in jedem Menschen, wenn auch mehr oder weniger verborgen liegt, in's Dasein ruft, das bezeugten auch in schaudervoller Weise die zahlreichen Megären, welche die Blutjahre 1791—1793 in Frankreich erstehen liessen, und welchen die Henker nicht genug Material für die Guillotine liefern konnten. Auch die Literatur erzeugte solche sadistische Frauennaturen, z. B. ist in Kleist's „Penthesilea" so recht deutlich die Nymphomanie, Hand in Hand gehend mit dem Sadismus gekennzeichnet. Penthesileas Gelüste ist:

Achilleus, ihren Geliebten in die Brust zu beissen, seine „üppigen Glieder abzumähen", ihn von ihren Hunden zerreissen zu lassen.

Sacher-Masochs Heldinnen sind fast alle mit Sadismus behaftet, besonders seine „schwarze Czarin" (Liebesgeschichten) ist als Sadistin typisch gezeichnet.

Czar Wladimir: „Mir wird Angst vor Dir, vor der Majestät deiner Schönheit. Die Leidenschaft, den Wahnsinn, den du mir einflössest, mit dem du mich willenlos dir unterwirfst, fühle ich wie Grausamkeit, und welche Wollust wieder in dieser erbarmungslosen unbegrenzten Gewalt. Genuss wird Qual und Qual Genuss! Ich würde schweigen, wenn du mich misshandeltest, schmerzliche Seligkeit wäre selbst der Tod durch dich."

Narda: „Du forderst mich heraus ... wenn ich dich wie einen Sclaven peitschen, auf der Folter zerfleischen, tödten liesse? Würdest du mir zujauchzen wie ein Märtyrer seinem Gotte:"

Neben Narda stellt Sacher Masoch, eine Afrikanerin, die Narda noch an Wollust und Grausamkeit übertrifft, „ein Weib wie aus Ebenholz geschnitzt, berauschend in dem schwarzen Glanze ihres bachantischen Leibes, in dem grausamen Lachen des Tigerkopfes, in dem mordlustigen Funkeln ihrer wollüstigen Augen. Auf Narda's Frage, weshalb sie einen Menschen getödtet habe, antwortet sie, beinahe stolz: „Aus Mordlust!" — „Lass mich sterben, ich kann nicht leben, wenn ich Niemanden tödten soll. Mein Herz verlangt nach Blut, wie das Eure nach Küssen."

Krafft-Ebing erwähnt einen (sadistischen) Fall, wonach sich ihm ein verheiratheter Mann mit zahlreichen Schnittwunden an den Armen vorstellte und welcher auf Befragen der Herkunft derselben angab, dass wenn er sich seiner nervösen, jungen Frau nähern wolle, er sich stets zuvor einen Schnitt beibringen müsse, sie sauge dann an der Wunde, worauf sich erst auch bei ihr sexuelle Erregung einstelle.

In das Gebiet des weiblichen Sadismus gehören auch die Sagen des Wärwolfes und der Vampyre (Lamien), die wie es in Goethes Braut von Korinth heisst:

„Aus dem Grabe werden ausgetrieben,
Noch zu suchen das vermisste Gut,
Noch den schon verlornen Mann zu lieben,
Und zu saugen seines Herzens Blut."

In der russischen Sage spricht man von der Russalka, einer grausam wollüstigen Nixe, welche sich im Mondlicht auf den Zweigen wiegt und durch ihren Gesang die Männer heranlockt. Wer sich ihr ergibt, den erwürgt sie lachend mit ihren goldenen Haaren.

INHALTS-VERZEICHNISS.

I. **Der Grausamkeitstrieb im Allgemeinen** . . . . . Seite 12
   Menschenjagden in Südafrika . . . . „ 13
II. **Die Grausamkeit in Verwandtschaft mit der Wollust** . „ 15
   Die Grausamkeit der Eifersucht . . . . „ 16
   Nero, die personificirte grausame Wollust . . . „ 21
III. **Grausamkeit und Wollust auf religiösem Gebiete** . . „ 23
   Die Entstehung des Lingamdienstes bei d. Indiern „ 25
   Die Castration . . . . „ 30
   Skopzen . . . . „ 31
   Infibulation und Klitoridektomie 32
   Geisselungs-Congregationen . . . . „ 34
IV. **Verschiedene andere Grausamkeitsformen** . . . . . „ 40
   Vorliebe für öffent. Hinrichtungen, Folterungen etc. „ 40
   Entblössung bei Strafen und Folterungen . . . „ 41
   Grausamkeit in Folge von Krankheiten . . . . „ 44
   Grausamkeitszüge in der Litteratur . . . . . . „ 46
   Grausamkeit bei historischen Persönlichkeiten . „ 48
V. **Der Masochismus** . . . . „ 51
   Die Flagellation . . . . „ 56
   Symbolischer Masochismus . . . . „ 59
   Masochismus beim Weibe . . . . „ 60
VI. **Der Sadismus** . . . . „ 62
   Biographie des Marquis de Sade . . . . „ 64
   Hirschpark-Orgien . . . . „ 67
   Anthropophagie . . . . „ 72
   Nekrophilie . . . . „ 74
   Grausamkeit an Thieren . . . . „ 76
   Der Sadismus beim Weibe . . . . „ 77